Mi hija es astronauta

Claudia Valdés

~·~·~❦~·~·~

EDITORIAL LUNETRA

MI HIJA ES ASTRONAUTA

© Claudia Valdés 2023

© De la presente edición 2023: Editorial Lunetra

© De la pintura de carátula: Lucía Valdés Valdés, pintura hecha a los cuatro años

© Astronauta (canción de Alexis Valdés)

Prólogo: Alexis Valdés

Edición: Zenaida Ferrer Martínez

Diseño de cubierta: Jesús León (Yeyo)

Diseño de arte, composición y diagramación: Editorial Lunetra

Primera Edición, 2023

ISBN: 9798871656839

lunetraeditorial@gmail.com

Para, por, según, sobre, tras Lucía...
Y para todo aquel que pueda necesitar un libro así.

"Dios no podía estar en todos lados y por tanto, hizo a las Madres".

RUDYARD KIPLING

ÍNDICE

NO TE RINDAS

Este es un libro escrito con mucho corazón. Escrito por una madre que ha tenido la fuerza, la decisión y la dedicación, para investigar todo lo que está a su alcance y más, en su empeño de hacer mejor la vida de su hija.

El trabajo que Claudia ha hecho por Lucía es conmovedor y ejemplar. Ha roto todos los vaticinios. Algunos médicos dijeron que la niña no iba a caminar. Otros que tampoco hablaría. Lucía ha ido saltando todas esas barreras, como un jinete sobre el lomo de un corcel, brioso, casi alado, que es su madre, Claudia.

Y todo eso que Claudia ha hecho —lo que ha vivido, experimentado y aprendido en este largo camino—, ha querido volcarlo en estas páginas, a manera de enseñanza, de guía, de aliento, de consuelo para otras madres y padres que se han visto abrumados por la llegada de un hijo atípico, como si se les derrumbara el mundo.

Y Claudia, en este libro, les dice que no es así. Lo que nos dijo aquella tarde esa neuróloga tan experimentada y compasiva, se lo compartimos a los padres que están en la misma situación: "lo que Lucia hará en la vida, solo ella lo demostrará".

En cierta manera, es el mensaje de este libro.

No conocemos los límites; solo conocemos por experiencia, que con mucho trabajo, mucha pasión y mucha esperanza, se pueden obrar verdaderos milagros.

La vida es un misterio, y el cerebro humano es un misterio tan grande como la vida. Los mismos especialistas confiesan, que en algunos aspectos no lo saben todo. Y que los niños atípicos, aun pareciendo limitados, pueden alcanzar logros que en un principio parecen imposibles, gracias a un esforzado trabajo terapéutico y al apoyo y comprensión de una familia colaboradora y decidida siempre a convertir las dificultades en retos.

No es un camino fácil, pero nada que ha valido la pena en el mundo ha sido fácil. A veces se llora, otras uno se frustra y en ocasiones la cuesta parece demasiado empinada, pero también hay momentos de inmensa alegría. Una alegría tan grande que nunca podrán experimentar los padres de niños neuro típicos. Sencillamente, porque nunca lo vieron tan difícil, tan lejano, casi imposible. Y entonces, cuando la meta se logra, es tan feliz como la consecución de un milagro.

Este es un libro para decirle a muchos padres y madres, no te rindas, no te canses, no lo creas imposible, y sobre todo, recuerda que no es por ti, es por tu hijo. Y ya verás cuánto vale la pena.

Yo he sido testigo de ese milagro que Claudia, con una ilusión y un tesón enormes, y por supuesto, con la ayuda de mucha gente, ha ido logrando. Y sigue logrando. Porque el camino es infinito. Y lo que será Lucia, solo Lucia nos lo dirá.

Disfruten este libro y llénense de fe.

ALEXIS VALDÉS
(Papá de Lucía)

PREFACIO

¿Cuánto costará un boleto a la luna?

¿A su Luna?

Me pregunté mirando a sus ojos negros como los gatos que rondan por mi barrio.

Si pudiera conseguir ese boleto y viajar con ella quizá entendería todo más rápido.

¿Cómo sería esa Luna suya? ¿De qué tamaño? ¿Color? ¿Se podrá saltar suiza ahí más fácil?

Me seguí preguntado en el lapso que suele tardar que ella vuelva a la realidad.

Tengo una hija astronauta y aún no sé nada de los planetas que seguramente visita.

Sí, mi hija viaja al cosmos con su mirada, y por ahí se queda unos segundos que son eternos para mí, y por eso me invento toda suerte de gestos grandes y chasquidos para traerla de vuelta a este mundo, porque el mundo que conozco es el "normal".

Pero ¿y si su mundo es más mágico e interesante que el mío?

¿Por qué querer privarla de volar a la luna a cada rato, y, además, sin pagar pasaje?

Desde que empezó a dejar su mirada posada en ningún lugar entendí que con ella iba a conocer el cosmos, que sería difícil, pero que gracias a tenerla volaría también fuera de este mundo, a su mundo...:

El mundo del espectro autista.

CLAUDIA VALDÉS

Madre de una astronauta

"El autismo es un síndrome que se caracteriza por varios déficits en el desarrollo, déficit en la comunicación verbal y no verbal; déficit en la interacción social, comportamientos restrictivos repetitivos, y trastornos sensoriales".

DR. EMME CORRALES REYES

NEURÓLOGO MD

MI MEJOR MAESTRA

Creo que soy un poco bruja, no de las que hace conjuros y pociones mágicas, y menos de las que asustan con su risa cliché, soy una brujita que presiente cosas.

Siempre sentí que mi camino como mamá no sería precisamente el más cómodo. Algo me hacía pensar que el día que tuviera una hija (porque siempre supe que sería hembra) mi niña sería "diferente".

Pasé mi embarazo leyendo todo tipo de libros que supuestamente me prepararían para ser mamá. ¡JA! No hay manual que sirvan mejor de guía para una madre o un padre que su propio hijo, por eso escribo este libro, porque mi hija ha sido mi mejor maestra y porque ¿la verdad? me hubiera servido de mucho en su momento leer algo así, que me ayudara a entender, procesar y buscar soluciones ante la "noticia".

Capítulo I

La explosión del biberón de leche

Lucía nació con una pequeña piscinita en la cabeza, como un charquito del tamaño de un céntimo, se llama Aplasia Cutis Congénita (si eres como yo vas a correr a buscarlo en internet, no lo hagas, más adelante te explicaré con detalles por qué)... Es algo inofensivo si es pequeño como el de ella, pero que le dejará una marquita para siempre donde no nacerá pelo nunca más (total para lo que lo necesita con la cantidad que tiene).

Los primeros días de nacida se lo curábamos cada dos horas con una pomadita que yo imaginaba que era mágica y visualizaba que con cada untada se sanaría del todo... y así fue, cicatrizó en forma de corazón casi perfecto, como si se lo hubiera dibujado un duendecito pintor y, a medida que su cabello fue creciendo, la marquita dejó de verse, aunque a cada rato me abro camino entre tanto pelo para revisarla y cerciorarme de que todo está bien.

La trataba como si fuera de cristal, era tan pequeña y frágil (como cualquier bebé acabado de nacer) que me daba temor todo lo que pasaba a su alrededor, los ruidos, la luz, el polvo, la vida...

Me costó mucho trabajo amamantarla, en parte porque era algo nuevo para mí, me dolía, estaba cansada y además tenía un poco de depresión postparto, algo que entendí y acepté después. Me cuestionaba esa mezcla de sentimientos encontrados que sentía. Era como si hubiera metido en una botella muchas sensaciones y las hubiera agitado como se recomienda en los envases de jugo.

Miraba a Lucía y en ella se encerraba toda la felicidad y todos los miedos nunca experimentados, pero en sus ojos negrísimos estaba la cura para mis temores. Lucía mira con mucha certeza, desde que nació.

"Tú te criaste con leche de fórmula y la leche de teta de una amiga mía y mira que bien estás" me dijo mi mamá el día terrible de la explosión del pomo.

Esa tarde estaba muy estresada y triste y me empecé a extraer la leche con los extractores esos automáticos que hacen un ruido entre gracioso y preocupante. Logré con mucho trabajo llenar medio biberón, pero es posible que no lo haya cerrado con fuerza porque a los pocos segundos la tapa salió disparada como si en vez de leche le hubiera echado pólvora y el pomo se quedó vacío, ¡con tanto trabajo que pasé para llenarlo!... ese día se me cortó la poca leche que tenía.

Así acudimos a la leche de fórmula, el manjar que me ayudó a alimentar a mi hija y que en cada toma, me recordaba no había sido capaz de lograrlo, que esa prueba de "ser mamá" la había reprobado, pero eso nunca lo dije, hasta ahora.

Y es que el mito o la realidad de amamantar, y de saber que tu bebé se está nutriendo directamente de ti, es algo alucinante y que a toda madre sin dudas, le hace sentir muy orgullosa, además es de los primeros consejos que todos te dan, "apenas des a luz trata de darle el mayor tiempo posible leche de tu teta"

Nunca había confesado esto, pero cuando vi que no pude lograrlo me sentí muy triste. Salí al patio, evitando que alguien me viera, me fui hasta la cerca de límite de nuestra casa con la del vecino, y en un punto ciego a la vista de todos, me senté a llorar, despeinada y trasnochada, y aún sin entender muy bien este proceso para el que nos creó la madre naturaleza.

"Fracasé en lo básico y esto solo empieza" me dije ese día, el último día que me culpé por algo relacionado con mi hija.

Lo cierto es que muchas madres pueden amamantar y otras tantas no, y esto no le pone a una ni a la otra un cartel de la mejor ni la peor madre del mes, la leche de fórmula, como me dijo mi mamá, también alimenta y para prueba estoy yo, y todos los niños criados con otra leche que no sea la materna. Así que, si no pudiste amamantar lo suficiente, borra la culpa de tu mente y si puedes, de tu vida.

Los primeros meses transcurrieron entre obnubilación profunda, cansancio, sueño, ojeras, desvelos, angustias, felicidad, incertidumbre, miedos, llantos, de ella y míos... es muy raro ser mamá.

Mi hija crecía al ritmo normal establecido, con su peso normal establecido y su alimentación normal y establecida. Hasta que, cuando cumplió seis meses mi mamá y yo nos dimos cuenta de que algo no estaba acorde con lo "normal y establecido". Había indicios, muy leves, porque con ese tiempo es muy temprano para pensar en ningún diagnóstico, pero el instinto de madre JAMÁS falla. Lucía no tenía la fuerza requerida para ponerse de pie, que con ese tiempo lo más común es que ya puedas sostenerlos por debajo de los hombros y ellos apoyen las piernas, no hacía intento por gatear, quizá otros padres hubieran esperado, pero yo decidí comenzar a buscar qué podía estar causando ese retraso, sobre todo en el área motora.

Y aquí es donde realmente comienza este libro.

LA CAJITA DE INFORMACIONES

Imagina que tienes delante una cajita de fósforos aparentemente pequeña y de tu color preferido. Digo aparentemente porque en realidad esta caja es tan grande como tu capacidad de enfrentamiento a las situaciones sobre las que no tienes el control. Así que si nos lo proponemos, esta caja podría ser enorme. Cuando la abres no tiene límites de espacio que cuantifique todo lo que le cabe dentro. Esta cajita es mi obsequio para ti, ahí podrás hacerte de cada pedacito de información valiosa que puedas encontrar en este libro o en cualquier otro. A esta información le llamaré "fósforos de luz" y te ayudarán a crear la llama naranjísima con la que vas a iluminar tu camino como mamá de un niño o niña autista.

Como todo es simbólico, cuando entienda que tengo un fosforito para ti, te avisaré para que lo rayes con un marcador y así puedas conformar el mapa que mejor te convenga para lograr el avance incalculable de tu pequeño astronauta.

Capítulo II

TODOS LOS NIÑOS SON DIFERENTES

Quizá la frase que más he escuchado en los últimos cuatro años es "TODOS LOS NIÑOS SON DIFERENTES". La escuché tanto que estuve a punto de tatuármela, al final me decidí por otra frase que ha definido más mi camino "un día a la vez" la llevo en el brazo. En el otro me tatué Lucía.

Los primeros consejos que escuché siempre estuvieron relacionados con la no comparación entre un niño y otro, cosa que hice mucho, no quiero engañarles ni pintar de rosa lo que a ratos fue gris.

Como madre primeriza lo primero que hice fue empezar a comparar a mi hija con otras niñas de edades similares, y es que era lo más lógico, si de hecho en eso se basan los médicos para determinar cuando algo está "fuera de lo normal", ¿no? ¿Acaso no es la comparación con el resto de los niños que van a un "paso lógico" de desarrollo lo que determina el nivel de progreso que tienen nuestros hijos? La respuesta es Sí, pero ese punto de comparación debe ser usado por profesionales y en todo caso como guía para determinar las carencias que tienen nuestros niños con el fin de ofrecerle la combinación de terapias y tratamientos que necesitan para avanzar.

Cuando entendí que cometía un error enorme poniendo a mi hija bajo el listón de otros niños, comencé a verlo todo diferente. Esto es algo que todo padre debe entender con profundidad y convicción, e implementarlo, sería quizá el primer fosforito que pondría en la cajita.

A mí me costó mucho tiempo comprender que la comparación del proceso de desarrollo de mi hija con otros niños lo único que creaba en mi cabeza era un bloqueo de emociones como impedimento para buscar soluciones y sólo me hacía entristecer, así que decidí dejar de buscar qué hacían otros niños para comenzar a encontrar todo lo que podía hacer mi hija, y créanme, me sorprendí. Cada día me sorprendo más.

Así fue como empecé a organizar todos sus síntomas para poder explicarle mejor a los médicos por qué creía que mi hija necesitaba un estudio profundo. Y aquí va otro fosforito para vuestra cajita de informaciones. Escribe en un papel cada cosa que te preocupe, todo lo que sientas que no está bien con tu hijo o hija, las madres intuimos y lo padres también claro está, y sabemos lo que nuestros niños necesitan.

Con todas mis observaciones, más las de mi mamá, de mi suegra, de Alexis, el papá de Lucía, y algunas cosas que escuchaba o leía por aquí o por allá me fui a ver al pediatra. Le comenté todas mis dudas, sobre todo que lo más inquietante era que Lucía no podía apoyar bien los pies, que no tenía la fuerza física para sostener su cuerpo como debería hacerlo a su edad, también le hablé sobre la lentitud de su ritmo natural, todo con calma y paz, Lucía siempre me ha recordado la paz.

Otro detalle que también me llamaba mucho la atención, era su poco esfuerzo por hablar, por repetir las palabras que escuchaba. Con todo eso y además, con la suerte de contar con el mejor pediatra que podía escoger para mi hija, comenzamos a investigar. Y ya les voy a contar sobre ese proceso, pero antes quiero dejarles otro fosforito mágico para la cajita donde están coleccionando información, es muy importante dar con los mejores médicos para nuestros hijos, el doctor primario o pediatra será esencial en toda su infancia sobre todo si es un niño o niña que requiere más atención que otros, porque éste referirá el caso a los diferentes especialistas que más adelante encontrarán y trabajarán sobre las dificultades que tengan nuestros hijos.

Los médicos terminan siendo unos grandes aliados en este proceso así que busca bien con cuál vas a atender a tu pequeñín. Yo tuve la suerte, por recomendación de una gran amiga, de dar con uno de los mejores pediatras de la ciudad de Miami, donde vivo. Se llama Octavio Vasconcello y dejaré su referencia al final del libro al igual que la de otros doctores que me han hecho mucho más fácil este camino, para que si lo necesitas, no dudes en utilizarlos.

CAPÍTULO III

EL PEOR DÍA DE MI VIDA

Dame una razón para no morir de miedo y angustia cuando un hijo se nos enferma...le dije mil veces a Dios mientras manejaba a toda velocidad camino al hospital en el peor día de mi vida. Lucía estaba convulsionando y yo no entendía nada.

Tenía seis meses, todo empezó con una fiebre tonta de 37.3, ella tenía un poco de gripe pero no era como para asustarse, estaba perfecta jugando con mi mamá, y de momento se le quedaron los ojos perdidos e impávidos como dos luceros lejanos, su boca se abrió y no reaccionaba a nada, todo pasó en cuestión de segundos, mi mamá me gritó, "Clau, ¡la niña la niña!". Yo salí corriendo sin tener idea de qué le pasaba. De alguna manera el interruptor de mi cerebro se puso en automático y como robot reaccioné. Alexis llamó al 911, pero no tuve paciencia para esperar a que llegara el auxilio, así que en menos de 10 segundos ya estábamos montadas en el carro, mi mamá con Lucía atrás, Alexis a mi lado y yo manejando.

Me he detenido cinco minutos para buscar las palabras que describan el tramo que recorrimos de nuestra casa al hospital, pero realmente no las encuentro. Aún no sabemos de qué manera llegué a urgencias en nueve minutos; me salté todas las luces rojas, no entiendo cómo no nos paró la policía.

Sentía que mi mamá decía desde atrás, "Lucía, Lucía, reacciona". Alexis trataba de calmarme, pero yo lo escuchaba todo lejos, como si me hablaran desde otra dimensión. Todo era surreal, manejaba como autómata, sólo tenía un objetivo: llegar lo antes posible y salvar a mi hija de algo que aún no sabía ni qué era.

Cuando llegamos a Emergencias estacioné el carro justo delante de la puerta de entrada, me bajé aún en modo robot y se la arranqué a mi mamá de los brazos. Entré corriendo, abriendo todas las puertas, gritando "¡Sálvenme a mi hija! ¡Sálvenme a mi hija!". Los médicos de guardia salieron muy pronto, la cargaron y dijeron que estaba convulsionando, o sea, estuvo convulsionando por 10 minutos más o menos que fue lo que tardé en llegar allí.

Entré corriendo con ellos a la sala donde le quitaron la ropa le pusieron una inyección y la estabilizaron al momento. Por unos minutos me salí de mi cuerpo y observé aquella escena desde arriba, y me vi a mí misma más fuerte que nunca, seria y segura, parada al lado de mi hija, como un médico más, mi mamá muy nerviosa, dando gritos, y Alexis a mi lado, sereno, pero muerto de miedo seguramente también. Yo no me reconocí, no era yo la que estaba ahí, era otra mujer, una mujer valiente y estática, no pestañeaba, no me movía, sólo estaba ahí como una roca esperando que mi hija reaccionara como siempre, que hiciera contacto visual conmigo. No lloré, no me quejé, no dije una palabra, hasta que me miró con sus ojitos de siempre, con esos ojos que sabes que te están mirando a ti, a su mamá. Uno sabe, y yo sabía que ya ella estaba bien, que ya era la Lucía de siempre.

Ahí volví corriendo a mi cuerpo y tuve fuerzas para decirle gracias a los médicos. Les agradecí tanto que casi me tienen que inyectar a mí para sacarme del shock, no salía otra palabra de mi boca que no fuera gracias, gracias por salvarme a mi hija, GRACIAS. Recuerdo la mirada de mi mamá, como si no me reconociera. También pienso que nunca esperó ver a su hija con tanto temple en el momento más angustioso de su vida, creo que estuvo muy orgullosa de mí.

Este suceso agregó una piedrita más a la mochila con la que vino Lucía al mundo, algo más que investigar... ¿Por qué ocurrió esa convulsión?

Esta pregunta tendría respuesta un año después.

Ese día nos quedamos en el hospital, Lucía debía ser ingresada para hacerle pruebas y descartar algún daño cerebral que pudiera haber ocasionado la convulsión. Fue la primera vez, después de dar a luz, que dormíamos juntas en un cuarto de hospital, y ojalá hubiera sido la última.

No me despegué de ella en toda la noche, estuve sentada al lado de su camita mirándola y rogándole a San Lázaro que todo estuviera bien de ahí en adelante. Ella se portó tan bien, es tan favorable la inocencia de los niños pequeños en momentos así porque no saben lo que pasa, no entienden lo que son los médicos, olvidan todo muy rápido, los pinchazos, las enfermeras entrando cada 15 minutos a revisar si todo estaba bien. Eso los niños con esas edades lo borran pronto de su mente... nosotros los adultos, sus padres, no.

Nos quedamos dos noches ingresadas y esa es una sensación rara, porque nadie quiere estar en un hospital, pero a la vez me sentía protegida allí. Recuerdo que la segunda noche, cuando ya Lucía estaba dormida, salí al pasillo a estirar las piernas, sin perderla de vista por supuesto, aunque creo que mi mamá estaba ahí también, nos quedábamos las dos (espero no estar confundida con la otra vez del hospital...) en fin, salí al pasillo y en la habitación contigua escuché llorar muy fuerte a una madre, creo que le habían dado una mala noticia sobre su hijo, y en ese mismo momento tuve el pensamiento más egoísta que he experimentado en mi vida, pero que a la vez me ayudó a sentirme un poco mejor.

Primero sentí una pena profunda por esa mamá. No les he contado, pero soy una persona PAS[1] (de eso les hablaré más adelante), y puedo experimentar el dolor de los demás, pero ese día encontré algo que me haría sentir mucho mejor para todo lo que enfrentaría en el futuro. Y aquí viene otro fosforito, un poco egoísta, pero que quizás a ti, que me lees, también te haga sentir mejor.

Siempre hay alguien pasando por algo peor que lo que estamos pasando, siempre, así que, si nos concentramos en el hecho de que comparados con otras personas nosotros estamos notablemente mejor, podremos sentir algún alivio. Al menos así me sentí yo cuando regresé a la habitación donde estaba durmiendo Lucía. La miré, y me dije, estás sana hija, mañana nos vamos de aquí, hay otros padres que aún no tienen esa suerte.

Al otro día, nos dieron los resultados de las pruebas que le hicieron, y para nuestra felicidad, por el momento todo estaba bien. Era hora de irnos a casa.

---

[1] Persona Altamente Sensible

Capítulo IV

LAS PRUEBAS

Después del incidente de las convulsiones, desarrollé un estado de alarma constante, estaba atenta a cada movimiento de sus ojos, estaba nerviosa y más cuando no sabes qué exactamente fue lo que las produjo. Es inevitable vivir con el miedo a que vuelva a suceder. Por suerte pasaron muchos meses para que se repitiera ese angustiante episodio.

Tenía muchas otras cosas en las que enfocarme en Lucía referentes a su desarrollo, así que comenzamos un largo y tedioso proceso de búsqueda, tratando en cada examen de encontrar todo lo que pudiera ser una alarma, un aspecto sobre el cual trabajar.

Más o menos sobre los siete meses fue toda una astronauta real porque le tocó usar por un tiempo el casquito moldeador de cabecitas, una especie de yelmo que usan los niños que tienen la cabeza un poquito plana detrás o en alguna zona específica, lo de Lucía no era tan notable pero los meses que lo usó le sirvió de mucho para amoldarle mejor la forma de su cabecita. Confieso que no se lo puse lo suficiente, sufría mucho porque notaba que sudaba a mares y sentía que estaba como presa y me daba una penita horrible y un gran dolor en el corazón. Cualquier pensamiento me servía de excusa para quitárselo un rato, que realmente se volvían horas. Quizás pude ponérselo más veces y por espacios más prolongados pero no me voy a culpar por eso, al final lo usó como seis meses y recibimos un diploma chulísimo, su primer diploma, que decía que se había graduado satisfactoriamente del uso del casquito. Respiré feliz porque más que a ella, ese casquito, creo que me molestaba a mí.

Desde que soy mamá he comprendido lo que es el mimetismo; he llegado a sentir los mismos dolores o sentimientos de mi hija, he tratado de entender tanto sus molestias e inquietudes que termino por experimentarlas yo también, así que imaginen que esos seis meses el casquito también estuvo en mi cabeza.

Salir con un bebé a la calle es directamente proporcional a que la gente te mire. Los niños pequeños, sobre todo, despiertan muchas miradas porque son muy tiernos y casi todo el mundo tiende a mirar o a celebrarlos, más cuando este niño tiene algo especial físicamente, algo notable como un casquito. Los primeros días todo el mundo me preguntaba que por qué la nena tenía que usarlo, y siempre, los que no conocen asocian esto con problemas más grandes que una simple deformación nada grave de la cabecita, ahí te toca explicar qué es y para qué se usa. Las primeras veces me sorprendí dando miles de justificaciones para que la gente entendiera la razón por lo cual Lulu lo usaba, después me di cuenta de que no era necesario tomarme todo ese tiempo porque realmente la razón era muy sencilla y se resumía en una sola frase, "porque lo necesita" y ya está.

Las explicaciones nos hacen rehenes de las situaciones, y algo que puede ser muy simple podemos nosotros mismos enredarlo. Claro que todos queremos que nuestros niños estén dentro de la "perfección estándar" de la sociedad, y de esa perfección se sale todo lo que no sea común: una silla de ruedas, unas muletas, aparatos para escuchar, aparatos para las piernas, casquitos moldeadores de cabeza, etcétera, no son comunes, y al no serlo despiertan curiosidad, y esa curiosidad de la gente que no pertenecen a nuestro círculo familiar genera, consciente o inconscientemente, cierto estrés en nosotros.

Las personas deberían limitarse cuándo ven a una madre con un niño o niña "diferente" a hacer tantas preguntas futiles como "¿ay, pero qué tiene?", "¿y qué le pasa?", "¿todavía no habla?, ¿cuándo piensa caminar? Todas estas interrogantes inoportunas nos ponen, aunque no lo deseemos, en una situación muy incómoda. Las opiniones externas, las podemos controlar, pero lo que sí podemos controlar es que a nosotros no nos afecte en ningún sentido esa opinión. Y este es un tema del que hablaré más adelante en un capítulo completo.

Seguimos con las pruebas.

Tenemos en casa un doctorado en análisis, pruebas y especialistas, pues llevamos a Lucía a muchos doctores.

Como comenté al principio, una de las cosas que más me preocupaba era que aún no caminaba y estaba muy hipotónica. La hipotonía se refiere a la disminución del tono muscular, condición que hace que un niño puede estar más lacio y sin interactuar, y es algo que con terapias puede mejorar hasta erradicarse por completo, como fue el caso de Lucía. La llevamos a un ortopédico americano, y aquí viene una historia que trae uno de los fosforitos más importantes de este libro.

Los médicos saben mucho de estadísticas generales, de hecho, basan su diagnóstico en una serie de síntomas que por similitud caracterizan una enfermedad o dolencia. Yo respeto mucho el trabajo de los doctores y agradezco que la mayoría de los que han pasado por mi vida, y la de mi hija, han sido maravillosos. También es importante que le demos crédito al pequeño doctor que tenemos siempre de guardia las madres. Y no es contradecir los diagnósticos; nada que ver, es mirar más allá, buscar el Sí a un No, y aquí va un ejemplo clarísimo de esto.

Llegamos a ese ortopédico después de esperar bastante para que nos dieran cita. Alexis, Lucía y yo, expectantes, sobre todo para que nos hablara de soluciones sobre lo que ya conocíamos que tenía nuestra hija. Las piernas en X (o genu valgum) que ocurre cuando un niño se pone de pie y sus rodillas se tocan, pero se le separan los tobillos. Las piernas en X suelen pasar como una parte normal del crecimiento y el desarrollo, en ese momento siempre asusta un poco porque los médicos dicen que se corrige solo, pero yo quería saber si con aparatos en los pies le ayudaría más. Pensaba que eso era lo que no permitía que Lucía pudiera caminar.

La respuesta de este médico —que además examinó muy pocos minutos a Lucía como si fuera un objeto de clase, sin ningún tipo de importancia—, fue que Lucía no iba a caminar, que no lo veía posible.

Nosotros nos quedamos por un minuto en silencio, y le volvimos a preguntar, queríamos saber si estábamos entendiendo bien, y él sostuvo lo dicho: "eso, que no creo que pueda caminar". Bueno, lo dijo en inglés: "I don't think she is going to be able to walk".

Cuando recibes una noticia así tienes dos opciones: tirarte a llorar, deprimirte, pensar que es el fin del mundo, o levantarte, decirle gracias por su tiempo y agotar todas las vías posibles sin cansarte y demostrarte a ti y a tu hija que los diagnósticos no son definitivos.

Creo que es obvio cuál camino tomamos nosotros.

¡Por supuesto que también es válido experimentar la primera opción, llorar, preocuparse, gritar, ¡Hey! Es normal sentir miedo ante lo desconocido, llorar no te hace menos fuerte, ni menos capaz. Llorar te desahoga, y te aclara también las ideas. La verdadera fuerza está en, aún con esas lágrimas empapando tu cara, tener el valor de pararte frente a todo obstáculo, con tu hija de la mano, ¡y como Voltus V hacerla literalmente volar!

Capítulo V

Mamá Robot

Soy una mamá robot, así me lo creo y eso también es un modo útil de supervivencia. Siempre he pensado que todo lo que aporte fortaleza de espíritu y paz mental debe ser bienvenido en nuestras vidas. Una mamá viene por defecto con estos ingredientes, pero hay veces que necesitamos mucho más de lo que nos otorgó la madre naturaleza.

A todo lo que nos arma de valor le podríamos llamar Fe, esa poderosa palabra encierra la fuerza para mover montañas. Así que, con fe, fortaleza de espíritu y paz mental por delante, y muchos miedos detrás, decidimos no dejar entrar en nuestra mente lo que nos dijo aquel doctor.

Lucía ya tenía nueve meses, se sentaba perfectamente y se podía sostener sentada por mucho rato, pero seguía sin apoyar las piernas, ni siquiera hacer el intento, y de gatear, nada.

Mi pediatra, Octavio Vasconcello, nos recomendó que empezáramos con terapias físicas con el fin de lograr más masa muscular. Fue así como di con el centro que acogió a mi hija y a muchos niños que conozco, con un amor inmenso y un conocimiento aún mayor, y aquí va otro fosforito.

El mundo de las terapias era desconocido para mí. Cuando Lucía comenzó era muy bebé, no teníamos ni idea de diagnósticos futuros, sólo me preocupaba que con ese tiempo no caminara, así que quizá como muchas madres al principio, llegué con un poco de resistencia al centro del que ahora les voy a hablar.

¿Por qué resistencia? Supongo que se debe a que todos queremos que nuestros niños sigan el camino natural de los demás, y la mayoría de los niños, según mi conocimiento, no iban a terapias. ¡No sabía lo equivocada que estaba con ese pensamiento!

Por eso, este pedacito es un fosforito, porque quiero intentar quitarles el miedo que muchos padres sienten cuando escuchan la palabra "terapia".

Por mi desconocimiento llegué a asociar el que mi hija fuera a terapias con etiquetas que le pudiera poner la sociedad. Este pensamiento absurdo sólo me duró un día: el día que llegué a Florida Kids Therapy, el centro que me introdujo en este nuevo mundo y me enamoró por completo. He tenido una suerte enorme, y sobre todo, me he dejado guiar por las personas que saben.

Cuando llegué a este mágico lugar, (porque ahí hacen pura magia), entendí no sólo que las terapias serían el punto de partida de todo avance para mi hija, también que había muchos niños, muchos, con y sin diagnósticos beneficiados por éstas.

Hay tres terapias fundamentales que se brindan en estos centros: Terapia Física, Terapia del Habla y Terapia Ocupacional.

Para los que no estén familiarizados les comento un poco de qué va cada una.

La Terapia Física puede ayudar a los niños con retrasos en las habilidades motoras o movilidad limitada. La Terapia del Habla es una intervención con el objetivo de mejorar la capacidad de un niño para comprender y expresar el lenguaje. Un profesional médico, llamado patólogo del habla y del lenguaje, realiza la terapia. Estos patólogos[2] evalúan, diagnostican, tratan y ayudan a prevenir los trastornos del habla, del lenguaje y de la comunicación. La Terapia Ocupacional ayuda a los niños con discapacidades o falta de habilidades ya sean físicas, sensoriales o cognitivas a llevar a cabo tareas cotidianas como comer, ponerse los calcetines y los zapatos, centrándose en el aprendizaje, la escritura o en jugar con juguetes o con otros niños.

Esto es, a grandes rasgos, una descripción muy básica de las terapias a las que le debo gran parte del avance increíble de mi hija. Así que guárdenlo con un fosforito muy importante.

Recuerdo que cuando llegué al centro me dieron un paseo por las instalaciones para mirar cómo se trabajaba con los niños, las distintas salas de terapias y de qué manera se utilizan. Fue ahí la primera vez que vi un caso de autismo severo. En una de las aulas, decorada con mucho amor y colores vivos, había un niño sentado de espaldas a una pared forrada con el abecedario, con él estaba una terapista de hablar muy dulce, vestida con uniforme azul que le redirigía la atención con frecuencia, este niño hacía movimientos repetitivos y movía la cabeza con mucha fuerza hacia adelante y hacia atrás, estaba muy intranquilo y de la nada comenzó a gritar y a lastimarse, todo sucedió muy rápido, no tuve tiempo de asimilar lo que veía. Pasé rápido a otra sala y escuché como su terapista lo iba calmando, hasta que cesaron los gritos. No lo voy a negar, me impresioné mucho, y automáticamente pensé en la

---

[2] Logopeda o Speech-language pathologist (SLP).

mamá de este chico. ¿Cómo sería su vida en casa? ¿Cómo reaccionaba cuando él se ponía así? No tenía respuestas y al mismo tiempo sentía un alivio muy grande al saber que existía un lugar, mejor dicho, varios lugares, con profesionales capacitados para ayudar a estos niños, y más importante, para enseñar también a los padres la mejor manera de comprenderles y manejarles.

El autismo todavía no tenía ninguna relación con mi vida. Llegaba a este centro para incentivar a mi hija, mediante terapias, a avanzar en varios temas físicos y sociales en los que ella aún no había logrado explorarse, por tanto, ver desde mis propios ojos este primer contacto con niños autistas, todos tan diferentes, fue despertando mi curiosidad por conocer más.

Hay tanto que desconocemos, ¿verdad?, tantos diagnósticos que de oída sabemos de su existencia pero que nunca nos preocupamos por investigar más. Es curioso que la vida nos haga vivirlos para conocerlos verdaderamente.

Cuando salí del centro, me puse a investigar un poquito más, a preguntar por aquí y por allá, y con toda la información que encontré sobre lo positivas que son las terapias para cualquier niño con algún tipo de atraso o dificultad, tenga o no un diagnóstico, llegué a la conclusión de que, si combinábamos de manera constante estas tres terapias y comenzábamos lo antes posible, Lucía avanzaría muchísimo en todos los aspectos, así que eso hice.

A los nueve meses Lucía empezó a dar de manera regular estos tres tipos de terapias que han sido fundamentales para su desarrollo.

Me pequeña florecita seguía creciendo y retoñando, adornando mi jardín, las terapias marcaban una diferencia notable, sobre todo la física que hasta ese momento era nuestra principal preocupación. Algunas veces los terapistas venían a casa y otras la llevábamos al centro.

Le hacían todo tipo de ejercicios, con pelotas grandes y pequeñas, con cuerdas, siempre motivando a esforzarse por alcanzar los juguetes que tenía delante, estimulando sus sentidos y su motricidad. La sala de nuestra casa parecía un gimnasio profesional.

La tendencia de Lucía siempre ha sido hacia lo lento. Ella ha marcado su propio ritmo para hacer las cosas, con calma, es lo opuesto a la intranquilidad y el nerviosismo, siempre pausada, y así era también en las terapias. Al principio lloraba, claro, a nadie le gusta que lo obliguen a hacer esfuerzos físicos. Me acuerdo que su papá y yo nos escondíamos detrás de la puerta para no ser vistos por ella y así le prestara toda atención al terapista, pero, a veces lloraba tanto que yo, en un impulso incontenible de mamá protectora, abría la puerta y le pedía al terapista que parara, lo hice mucho. Sentía una necesidad inmediata de socorrerla, era tan pequeña que me daba mucha pena que de cierta forma la obligaran a hacer esos ejercicios que a mí me parecían tremendos pero que realmente eran comunes y además muy necesarios para ayudar a sus músculos a ponerse fuertes.

Con el tiempo dejé de interrumpir las sesiones. Comprendí que ese momento de terapias es sagrado y que ella debía y debe entender el poder del esfuerzo para lograr algo, y si solo por llorar yo le iba estar parando los ejercicios cada cinco minutos, entonces estaba atentando contra su evolución (la vida es mucho más fuerte que una sesión de terapia, si lo sabré yo...). Así que dejé que los profesionales hicieran su trabajo y de paso aprendí yo también sus técnicas para después ponerlas en práctica.

Las terapias ocupacionales ayudaron mucho, todo estaba preparado para activar sus sentidos y desarrollar su habilidad motora fina y gruesa, y sobre todo, en ese, trabajar con las texturas, Lucía tenía una tendencia a rechazar muchos tipos de texturas. Las cosas esponjosas le provocaban aversión, y la arena, los granitos de arroz o las bolitas húmedas llenas de agua le provocaban arcadas. Esos fueron también los primeros indicios que sustentaron mi sospecha de "aquí hay algo más".

Siempre he sido un poco polilla y me gusta mucho investigar, además estar en contacto con el centro de terapias me permitió observar a muchos niños con diferentes estereotipos asociados con el autismo, y, definitivamente éste era uno de ellos, la parte sensorial fue como el bombillo rojo que se encendió para indicarme que algo debía ser revisado.

En las terapias del habla por ese tiempo no avanzamos mucho. Lucía era como una película de la comedia silente... ni una palabra.

Capítulo VI

LUCÍA, MI COMEDIA SILENTE

Un capítulo sobre el silencio y todo el ruido con el que suele venir acompañado siempre.

Uno de los sueños de toda madre es escuchar esa vocecita tierna diciendo la mágica palabra capaz de derretir el hierro más grueso: "Mamá". No sé todavía qué hechizo produce o si es que nos hace sentir más importantes que nos digan "mamá" o que nos llamen doctora o licenciada, porque mamá es como un título de nobleza, como montarse en una alfombra y volar hasta los pies de tu hija o hijo y recibir su voz con el corazón abierto.

Todo vale para lograr que se produzca este milagro, algo que puede ser muy natural para la mayoría de los niños, pero que para algunos es muy difícil y para otros, casi imposible.

Lucía fue no verbal hasta los tres años. Aprendí a comunicarme con ella a través de la ventana enorme y abierta de sus ojos, por los gestos de sus manos, y por la tenacidad con la que nos llevaba hasta el juguete o comida que deseaba en ese momento. No le había dado importancia al poder de señalar con el dedo hasta que me lo enseñó ella. Hay tantas formas de comunicarse además de la voz, que me fui haciendo experta en adivinar sus pensamientos.

Tuve mucha incertidumbre, no lo voy a negar, y temor a que fuera así para siempre, pero mi fe y la perseverancia que volcamos en las terapias del habla y en darle muchos estímulos fue más fuerte, y Lucía ha sido la verdadera clave de todo su logro. Es una testaruda y se empeña hasta el final cuando quiere lograr algo, como yo. Muchos padres me decían "eh no te preocupes, el mío fue igual y habló a los cuatro años y ahora no se calla", otro me contó que su hijo no habló nada hasta los seis y ahora habla tres idiomas y que hasta a veces tiene ganas de decirle "Ay hijo, cállate un ratico". Yo rogaba a Dios y a todos los santos que me pasara igual, tenía deseos de decirle "Ay Lucía, cállate ya me tienes mareada" como le decía a mi hermano quien no paraba de hablar cuando era pequeño, pero en aquel momento esa posibilidad la sentía muy lejana. No sabía cómo era su voz, le hablábamos y ella no respondía ni una palabra. Vivíamos en casa en el más puro e inocente silencio, como la comedia silente, subtitulada por sus gestos y sus deditos, por sus ojos y mi intuición, llena de risa eso sí porque Lucía es muy risueña. Su risa era el ruido que rompía todo mutismo, sus carcajadas eran la batería que necesitaba la linterna de mis fuerzas para iluminarme el camino y seguir buscando soluciones para escucharla decirme Mamá.

Lo confieso, muchas veces lloraba con el mismo silencio que ella me regalaba. Lloraba preguntándome a dónde se iba con sus ojitos perdidos, que a ratos parecían andar sobrevolando la tierra. Lloraba con ese dolor profundo que genera la incertidumbre, y porque sentía temor de no cumplir ese deseo, el deseo de escucharla llamarme MAMÁ.

Su primera palabra fue papá, y era muy curioso, porque para ella papá tenía dos significados, su padre, y todo lo demás. Lo diferenciaba con la cadencia de su voz, según a lo que se refiriera así era la entonación que le daba. Papá (de Alexis, su padre) era papáaaaa más largo. Papa de comida era más corto y conciso, y cuando se refería a mí, también decía papá, pero no me pregunten cómo, yo sabía que era conmigo. El despertar de sus palabras fue muy lento, y su voz, la más hermosa que he escuchado en mi vida.

LUCÍA

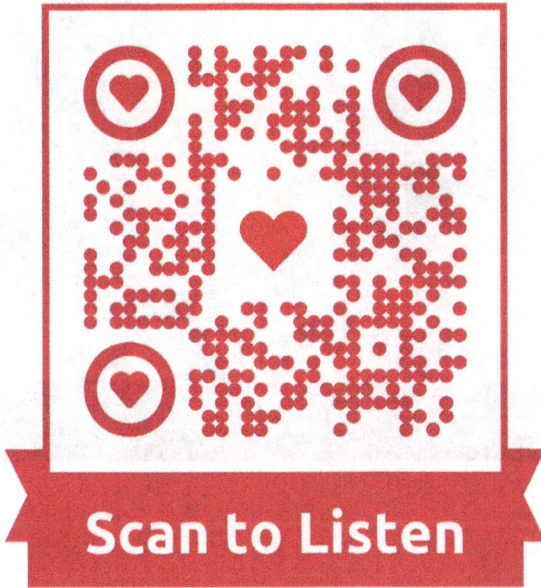

Scan to Listen

Voz de Lucía dándome una profunda lección

Capítulo VII

BUSCARSE LA VIDA

Les mencioné que los primeros meses de terapias de Lucía fueron en nuestra casa.

Era muy cómodo para nosotros también porque podíamos escuchar, y de alguna manera, ver y aprender de todos los terapistas. Lulu iba avanzando, a su paso, pero cada día notábamos que hacía más interacción con nosotros, e iba creando una química muy positiva con sus terapistas. Hasta que llegó la pandemia. El primer fenómeno cargado de incertidumbre que todos viviríamos en común, y del que también saqué varias lecciones aplicables si hacemos un paralelismo con lo que sea que estemos viviendo y nos tenga profundamente consternados. Ahora les voy a explicar por qué.

En el momento más crítico del Covid 19, cuando se ordenó el *lockdown* o encierro en Estados Unidos, a todos nos cambió el plan de vida a la que nuestra rutina estaba adaptada, y como todo cambio rotundo generó una nueva programación en nuestra mente y en nuestra capacidad de resiliencia. Cuando digo a todos, no me refiero a toda mi familia, sino a todos los seres humanos.

Alexis, el papa de Lucía, estaba al aire en uno de los programas de más audiencia estilo *late night* en la televisión de Miami. Yo era productora general y también actriz del show, y además teníamos en escena una de las comedias más exitosas de nuestra compañía, escrita y dirigida también por Alexis y producida por mí, con el título *Mi robot Sexual*, la cual llevaba unos nueve meses, en sala completamente llena, y pintaba como otra de las obras que estarían por mucho tiempo en el teatro de Miami. Pero la pandemia, como un carcelero despiadado, cerró las puertas de todas nuestras casas y se tragó las llaves por tiempo indefinido. Quedaron abiertas las farmacias, los hospitales y los supermercados, nadie quería salir a la calle, nos daba miedo respirar cualquier aire que no fuera el de nuestro hogar, así que comenzamos a hacer el programa de televisión desde la casa, fue uno de los primeros programas que se trasmitió de esa manera durante los meses críticos de encierro en la televisión hispana de la Florida. Lo que hacía un equipo de 10 personas entre productores, escritores, camarógrafos y editores nos tocó hacerlo, en su gran mayoría a Alexis y a mí.

Comenzamos a probar a hacer las entrevistas por zoom con muchos artistas famosos, grabábamos los *sketches* (guiones)... por primera vez estábamos sin ayuda alguna, solos los tres en casa, Lucía Alexis y yo, encerrados, y produciendo un programa con la particularidad de ser humorístico. Tarea difícil en esos tiempos, ¿verdad? Pero como todo caos tiene su magia, en esos días verdaderamente, Lucía comenzó a sacar sus alas de mariposa, y es que no le quedaba más remedio.

Los terapistas dejaron de venir, —bueno, realmente en ese tiempo y por unos cuantos meses mucha gente dejó de visitar nuestra casa—, así que nos la arreglamos para hacer todo entre los tres. Cuando Alexis y yo estábamos grabando, Lucía se pasaba la mayor parte del tiempo en el piso, lo que hizo que tuviera que buscarse la manera de alcanzar lo que quería porque yo no podía estar las 24 horas pendiente de ella. Teníamos que producir un programa diario que, además, grabaríamos y editaríamos casi en su totalidad también nosotros. Así que como ni mami ni abuela (porque mi mamá estuvo unos cuantos días en su casa y mi suegra también) estaban ahí, Lucía comenzó de un día a otro a desplazarse sola por el piso, a su manera, arrastrándose primero, como si estuviera en una trinchera. Había leído bastante sobre el tema del gateo y lo importante que es para los niños de alguna manera pasar por sus diferentes etapas antes de caminar. El primer gateo, por norma general, suele comenzar entre los ocho y los 10 meses. Aun así, cada bebé es diferente, por lo que no deberíamos preocuparnos si nuestro pequeño o pequeña comienza a gatear antes o después de esas edades. Pero ya Lucía tenía más de un año y medio, con ese tiempo si debiera estar definitivamente gateando y en el mejor de los casos, caminando.

Cuando la vi llegar a las cosas que quería en esta rara posición recordé una de las tantas cosas leídas acerca de los tipos de gateos que comúnmente hacen los niños.

El gateo clásico sobre las manos y las rodillas o gateo cruzado — El bebé apoya su peso sobre sus manos y sus rodillas, y luego mueve un brazo y la rodilla contraria hacia adelante al mismo tiempo.

Gateo de oso — Parece el gateo clásico, pero el bebé mantiene sus codos y rodillas rectos, caminando sobre las manos y los pies como un oso.

Gateo tipo "comando" o sobre el vientre — El bebé mueve su cuerpo hacia adelante mientras arrastra su vientre contra el suelo.

Gateo sentado — El bebé se desliza sobre sus nalgas y usa sus brazos para avanzar.

Gateo de cangrejo — El bebé se mueve hacia atrás o de costado como un cangrejo, impulsándose con sus manos.

Gateo rodante — El bebé llega a su destino rodando de un lugar a otro.

Lucía comenzó haciendo el gateo tipo comando, el cual describiría como lo que hacen los soldados cuando se deslizan debajo de las trincheras, y en muy pocos días empezó a hacer el gateo rodante. ¡Ella solita! Era muy alentador para nosotros ver cómo salió de su zona de confort, la zona en que todos a su alrededor le poníamos las cosas a su alcance sin saber que el esfuerzo sería la motivación fundamental para comenzar el hermoso sendero de caminar. En muy pocas semanas, Lucía comenzó a agarrar la fuerza que se requiere en los brazos y las piernas para poder gatear de la manera clásica, o sea el gateo sobre manos y rodillas.

Los días pasaban, y nosotros nos íbamos acostumbrando a esta nueva forma de vida, encerrados, que afortunadamente sería pasajera, pero que parecía eterna en ese momento.

Un día, mientras preparaba el desayuno, Lucía empezó a gatear a la perfección, con manos y pies cruzados, no me lo podía creer, lo que para algunos padres puede ser el acto más natural en su hijo, para mí, que gateara así, de la manera en que la mayoría de los niños lo hacen, era uno de los mayores logros de mi hija. Me acuerdo que llamé a Alexis, bueno grité, ¡Papá, corre Lucía está gateando! Era un asombro para todos porque siempre escuchamos que gatear era la antesala de caminar, así que ahora sí estábamos muy cerca. Habíamos logrado una de nuestras tantas metas. Lo había hecho, tarde, pero lo hizo.

Así que aquí viene la conclusión del comienzo de este capítulo.

Fosforito.

Lo que parecía y en cierto modo fue un caos para el mundo entero, generó un cambio sustancial en la vida de mi hija. La pandemia, ese monstruo desconocido para la mayoría e inimaginable para todos, trajo a mi casa la necesidad de que Lucía gateara, nos sacó de nuestra zona de confort, reinventándonos, cada uno a su manera, porque muchos perdimos nuestros trabajos lo que hizo que creáramos nuevos mecanismos para ganarnos la vida. Disparó nuestra imaginación al máximo y nos desenterró talentos ocultos que quizá ni sabíamos que teníamos. Impulsó a los emprendedores a crear sus propios pequeños negocios y nos dio la confianza para creer en la resiliencia y en la reinvención, y a mi hija, le dio fuerzas para creer en sus manos y sus pies. Porque cuando no tienes más remedio tienes que probar todas las opciones. Ponerla boca abajo, sola, (claro siempre vigilada) y con todos los juguetes o comida lejos, y con mamá y papá trabajando sin dar abasto, hizo que ella solita intentara, como decimos por ahí, "buscarse la vida".

Así que lo que puede parecer en principio el peor momento de tu existencia, pronto será uno de los caminos para llevarte a descubrir quién eres hoy, lo fuerte que eres, y sobre todo, de lo que eres capaz.

Capítulo VIII

Buscando respuestas

Después de la tormenta SIEMPRE llega la calma. Es un refrán que repetimos, pero muy pocas veces somos conscientes de lo certero que es. Y después de la pandemia, la vida volvió a la normalidad, pero con pequeñas alteraciones como es de suponer. Creo que a todos nos inyectó una gasolina atómica para enfrentarnos a los miedos con los que casi siempre vienen nuestros proyectos. Y Lucía era y es, mi proyecto más ambicioso, por tanto, los miedos que me generaba y me sigue generando son cada vez más grandes.

¿Por qué un proyecto?

Busqué en el diccionario y éste es su significado.

Proyecto: *nombre masculino*

1. Idea de una cosa que se piensa hacer y para la cual se establece un modo determinado y un conjunto de medios necesarios.

O sea, Lucía es mi realidad convertida en el proyecto más ambicioso que podría tener porque tengo la misión de buscar el conjunto de medios necesarios para que mi hermoso proyecto avance y sea, a su manera, imperfectamente perfecta, camino difícil cuando hay tanto que desconocemos, pero nada es imposible si tienes Fe y Voluntad. A mí no es que me sobren ninguna de las dos, pero sí un amor inmenso y una confianza absoluta en todo lo que mi hija puede lograr.

Pronto regresaron las terapias a nuestras vidas. ¡Qué bendición! Esta vez la comencé a llevar al centro, cuatro veces a la semana; tres horas de terapias cada día, terapia ocupacional, del habla y física, un programa intenso. Era como una escuelita, donde tienes que ser puntual e intentar no faltar, con la diferencia de que, si faltas no se afecta tu expediente, como cuando estábamos en la escuela primaria, pero sí puede afectar el continuo desarrollo de nuestros niños.

Para la mayoría de los padres, resulta muy difícil la etapa de las terapias, sobre todo cuando se realizan fuera de la casa porque requieren de un gran esfuerzo personal y de la familia. Por tres o cuatro horas del día, nuestro tiempo tendrá que ajustarse como el engranaje de un reloj para hacer hasta lo imposible por llevarlos en tiempo. La clave es la consistencia, tratar de que los niños con necesidades especiales falten lo menos posible.

Nos toca hacer magia, pedir favores en el trabajo, sé que hay madres y padres a los cuales se les hace muy difícil, sobre todo porque la mayoría de las veces no tienen ayuda, están lejos de sus familias, y carecen de la suerte de un abuelito o una abuelita, o una tía que haga el favor de llevar a los niños, a los que se suma los días en que nos sentimos mal. ¿Saben que las madres también nos enfermamos? Sí, también nos enfermamos, y nos dan dolores, aunque desde que Lucía nació casi no me enfermo. Creo que mi cuerpo sabe que sólo puede romperse cuando no haya más opción.

Como sea que lo mires, es un reto enorme. Nos vemos obligados a hacer malabares para lograr que el mecanismo de nuestras rutinas no afecte el de nuestros hijos, reajustar todo, de eso se trata, ¿no?; poner el extra para lograr la meta, como los atletas. En eso nos convertimos los padres con hijos autistas o con otros diagnósticos, en deportistas que necesitamos resistencia, velocidad, y mucha fuerza, física, mental, pero sobre todo, emocional.

En esa etapa en cuestión, entró al equipo que atendía a Lucía un nuevo terapista, quien fue otra de mis salvaciones. Ernesto es su nombre, y escribo en este libro porque sé que seguramente por ahí hay muchos terapistas como él, maravillosos y llenos de entrega y amor por su trabajo y por los niños, pero éste para mí, fue muy especial: enseñó a caminar a Lucía.

Capítulo IX

Volar con alas propias

Cuando Lucía dio sus primeros pasos fue como si dibujara el suelo con cada pisada, como si de los deditos de sus pies salieran rayos de luces de todos los colores que nos cegaban a los que, incrédulos, la mirábamos avanzar.

Ahí comprendí que lo que para muchos es lo más común, caminar, correr, saltar, para otros es algo con un nivel de complejidad enorme. La coordinación que se necesita para que un pie se mueva y luego el otro; el equilibrio para no caernos, el desplazamiento de las manos en movimiento contrario al pie que se está apoyando en ese momento, todo eso lo hacemos de manera inconsciente, y es lo natural.

Pero para muchos niños o niñas, ello requiere de un esfuerzo mayor. Yo esto no lo sabía. Desconocía lo importante que puede ser una terapia física hasta que mi hija comenzó a hacer justo lo contrario a lo que dijo aquel ortopédico: caminar.

Para finales de agosto del 2020 ya Lucía estaba dando pasitos inseguros, primero dos, después tres, hasta que, con mucha paciencia comenzó a andar, ella solita, y por supuesto a descubrir el mundo de posibilidades que tenía con esta nueva habilidad.

Hace poco miraba unos vídeos que me mandó su terapista de cuando dio sus primeros pasitos, parecía una borrachita, caminaba con las manos hacia arriba, así era como lograba estar en equilibrio. Seguro tenía miedo, pensé, mientras miraba las imágenes una y otra vez. Lucía siempre lo ha entendido todo, estoy segura de que los niños lo comprenden todo desde muy pequeños, y quizá en alguna conversación escuchó de nuestros temores.

A veces creemos que si hablamos delante de los niños cuando son muy pequeños no nos van a comprender, y eso es un error. Ellos lo entienden todo, y también intuyen cuando tenemos miedo o estamos tristes, y a su manera, procesan esa información y seguramente les genera laguitos de miedos en los que no saben cómo nadar.

Por eso trato de ser muy cuidadosa de lo que digo delante de Lucía, y de cómo me comporto. Y por eso celebro cada meta que va sobrepasando, para que ella sepa que lo está haciendo bien, que lo está haciendo mejor de lo que mucha gente pensó, que lo está haciendo como sólo Lucía puede hacerlo.

Así que quiero agradecer también a Ernesto, el terapista, mencionado en el capítulo anterior, y a todos los terapistas que como él, desde el anonimato, hacen posible lograr hasta lo imposible.

Creo que aún no son conscientes de la magia realizada con cada una de sus terapias, ni cómo nos enseñan a nosotros los padres a empujar y empujar, aunque el niño no quiera hacerlo, para seguir intentando y redireccionando su esfuerzo hasta que comprenda que si no termina ese ejercicio no jugará o no pasará al siguiente que quizá es más divertido porque requiere de menos esfuerzo físico.

Los terapistas como Ernesto no dejan que los niños se rindan y ese es justo el tipo de energía y de rigor que marcan la enorme diferencia.

Antes de que Lucía aprendiera a caminar, muchas veces me quedaba con la mirada perdida, entonces Alexis me preguntaba "¿en qué piensas?". "En nada", le decía yo, pero no era cierto, realmente estaba visualizando caminar por el barrio con Lucía de la mano como solía hacer casi todos los días mi vecina con su hijo pequeño, imaginaba que corríamos por la acera y yo le gritaba "¡cuidado con las almendras del piso que te puedes caer!); soñaba con detenerla por lo rápido que corría y eso podía ser peligroso, (las madres vemos peligro en todas partes)... en eso pensaba, en algo tan simple como recorrer la distancia que hay de una esquina a otra de la mano de Lucía.

Ahora ya podíamos hacerlo, ya no tendría que quedarme en la ventana mirando pasar a mi vecina.

A cada rato me llegan impulsos que debo controlar por varias razones. Una es que soy adulta y de los adultos se espera cierto tipo de etiqueta moral y social dentro de la que a todos nos gusta encajar, y sólo por eso me aguanto los deseos poderosos de ir a la consulta de aquel ortopédico que afirmó que mi hija no podría caminar, abrir la puerta de un tirón y decirle a Lucía que haga lo que normalmente le corrijo, que entre corriendo tumbando todo lo que vea a su paso, llegue hasta el escritorio lleno de archivos y le diga a ese señor: "mire, usted, venga para que corra conmigo, ¡pero abróchese bien los cordones porque no me va a alcanzar!".

Sí, eso queríamos hacer Alexis y yo, y más, darle a ese hombre una lección para que aprenda que un diagnóstico no se puede dar como un pronóstico absoluto. Imagino a cuántos padres les habrá roto el corazón sentenciando a sus hijos a la imposibilidad de caminar, sólo basado en su "docta opinión". Pero no lo hice, y creo que no lo haré, porque encontré una manera mejor de sacarme las ganas de irrumpir en su oficina: este libro.

Esto es más poderoso como arma para disparar una bala de esperanza justo a quienes merecen recibir esta lección, y no es él, son ustedes, madres y padres que me leen. Y la lección es. (**Fosforito**): Nunca dejes que te digan qué puede o no hacer tu hijo, no dejes que nadie lo limite. Lo que tu hijo o hija será nadie lo sabe, y solo tú lo sabrás cuando él te lo demuestre. Dale la oportunidad y la confianza.

Capítulo X

Según los resultados...

Los avances de Lucía eran evidentes, estábamos muy felices y orgullosos, sobre todo por su impresionante inteligencia.

¿Les mencioné la impactante memoria fotográfica de Lucía? Creo que me salté este importante detalle. Como muchos niños con sus "características", ella es muy inteligente. Su capacidad para aprender a una velocidad inexplicable es casi sobrenatural.

Con sólo seis meses identificaba más de 30 animales; recuerdo que le compré un paquete que traía todos los animales de la granja, del mar, del aire, eran de cartón con espuma de goma, y a relieve se le notaban los ojitos y la boquita, eran juguetes muy didácticos. Solamente tenía que decirle a Lucía el nombre del animal con la carta delante una vez y bastaba para que se lo aprendiera sin tener dudas para identificarlo nunca más. Como no hablaba aún, cuando le preguntaba me respondía señalando. Así hacía con todo, los números, el abecedario, las figuras geométricas, todas, hasta el trapecio o el heptágono, los colores, las banderas de los países. Y cuando empezó a hablar era más impresionante. Verla identificar más de 100 banderas de países que ni yo me sé, Lituania, Kazajistán, Libia, Arabia Saudí, Eslovaquia, ¡se aprendió todo de una sola vez! ¿Quién tuviera esa capacidad para fotografiar todo y guardarlo para siempre en la memoria? Porque la inteligencia es también eso, memoria, y la de Lucía nos tenía y tiene a todos, impresionados.

Quizá por eso también muestra la habilidad para aprenderse canciones con sólo escucharlas una vez, es muy afinada, cuando canta trata de buscar la nota exacta y si no, lo intenta de nuevo, tiene un oído completamente musical, y ama profundamente la música.

Antes de que me diagnosticaran a Lucía, solía preguntarme en qué se basaban los neurólogos y psicólogos para indicar cuando un niño o niña era autista, y como la vida siempre ha sido generosa conmigo, muy pronto tuve la respuesta.

A los dos años y algunos meses de nacida, llevamos a Lucía con un nuevo neurólogo, después de haber pasado por tres que no nos habían convencido. No voy a perder mi tiempo ni el de ustedes en contarles mi experiencia negativa con esos doctores. Lo resumiré en que mi intuición de mamá me decía que no eran ellos los indicados para consultar a mi hija. Y como la intuición de una madre jamás falla, me dejé guiar una vez más por mi pediatra salva vidas y me fui con el Doctor Corrales, un neurólogo infantil con mucha experiencia que giró las velas de nuestro barco y lo encaminó a un puerto más seguro y confiable.

Para llegar a su consulta tuve que manejar una hora y 30 minutos, nos agarró un aguacero tremendo en el camino y quizá por eso tardamos más de la cuenta, lo cierto es que manejaría todos los días esa distancia si fuera para ver a médicos así, con tanto conocimiento, con tanta dedicación y amabilidad.

En la consulta me hizo algunas preguntas sobre Lucía, bueno, muchas: ¿cómo fue mi embarazo? si había sido parto natural o cesárea, si había tenido alguna complicación en el tiempo de gestación. Pero lo que más me llamó la atención fue la gráfica que nos hizo para que entendiéramos cómo funcionan las evaluaciones psicológicas y la relación que tiene con todo comportamiento neurológico en los niños.

Me explicó a profundidad sobre el término autismo y ahí me di cuenta de que realmente conocía muy poco o casi nada sobre está condición del neurodesarrollo.

Es normal el temor a lo desconocido, más cuando hay tantos estigmas en la sociedad sobre ciertos diagnósticos o temas que realmente no dominamos hasta que nos toca la suerte de tener un niño autista en la familia.

En aquel momento, a simple vista era evidente que Lucía tenía ciertos comportamientos neuro atípicos (ha llovido mucho desde entonces) pero en ese tiempo no hablaba, tenía menos contacto visual, aún no mostraba seguridad para caminar muchos pasos sin caerse, la primera impresión expresada por el Dr. Corrales se centró en que la niña podría estar dentro del espectro del autismo. Quizás vio mi cara de terror por mi desconocimiento y me explicó sobre este enorme mundo, el universo inmedible que existe dentro del espectro autista. Es tan grande, que si para él como doctor especialista fue complicado explicarlo, imaginen para mí. Pero trataré de contarlo justo como lo entiende mi cerebro, y sobre todo, como lo procesa mi corazón.

Imaginen una galaxia. Las galaxias son acumulaciones de gas, polvo y miles de millones de estrellas y sus sistemas solares, agrupadas gracias a la gravedad. Vivimos en un planeta llamado Tierra, que es parte de nuestro sistema solar, parte de la Vía Láctea que es nuestra galaxia.

Bueno imaginen que esta Galaxia se llama "Espectro Autista" y que los millones de estrellas que la componen son los niños diagnosticados dentro del espectro.

El espectro es tan grande como una galaxia, y dentro de él orbitan todo tipo de comportamientos típicos y atípicos que son los que se utilizan para determinar el grado de complejidad de nuestro niño o niña, que puede ser leve, moderado o severo. Una galaxia es inmensa, ¿verdad? Y además, es muy difícil que conozcamos todos los planetas estrellas y sistemas solares que la componen, ¿no es cierto?, pues así mismo pasa con el espectro autista, es tan inmenso que todos los niños diagnosticados actúan completamente diferentes.

No es algo que se base en tres o cuatros especificidades claras o fenotípicas para ayudar a definir este diagnóstico, por el contrario, hay muchos componentes que pueden servirnos de herramienta para descubrir si nuestro pequeño forma parte de esta enorme galaxia.

Lo primero que permite determinarlo son pruebas, test psicológicos compuestos de muchas preguntas que indagan dentro de cada actividad que realizan o dejan de hacer nuestros niños, como comportamientos sociales, problemas sensoriales, noción del peligro, reacción ante situaciones de estrés, nivel cognitivo, desenvolvimiento con su entorno dentro y fuera de la familia.

Diagnosticar los trastornos del espectro autista puede ser difícil porque no existe una prueba médica, como un análisis de sangre, para demostrarlo. Para dar un diagnóstico, los médicos evalúan el desarrollo y la conducta del niño.

¿Recuerdan que me preguntaba cómo era que diagnosticaban a los niños con autismo? Ya tenía mi respuesta, a través de un cuestionario con cientos de preguntas, que nosotros, los padres, podremos responder mejor que nadie. Son preguntas que de paso te ayudan a concientizar más las habilidades y deficiencias de tu niño o tu niña, porque muchas veces como convivimos con ellos todo el tiempo nos acostumbramos a sus comportamientos.

A ratos, estas preguntas me resultaban un poco incómodas, sobre todo cuando la respuesta repetidas veces era NO. Contesté por mi hija muchas veces los mismos cuestionarios para diferentes médicos o agencias que necesitaban llegar al diagnóstico, una y otra vez respondía las mismas preguntas, y una y otra vez me afectaba mucho cuando la respuesta seguía siendo NO.

Esta etapa fue dura para mí, si estoy escribiendo este libro es para decir la verdad, y mi verdad es que las primeras veces algunas preguntas me provocaban un llanto incontrolable. ¿Tu hijo o hija te llama mamá? ¿Es capaz de sostener una conversación contigo o con algún niño o adulto de su entorno? ¿Su niño o niña dice más de cinco palabras? ¿Entiende su niño cuando estás triste? Por mucho tiempo, las respuestas a esas pruebas fueron No, y el simple hecho de marcar esa opción, ese adverbio de negación tan común para todos me tomaba horas para asimilar, para entender por qué mi respuesta no podía ser Sí.

La primera vez que respondí estas preguntas en una página web, tuve que parar, las dejé inconclusas por dos días, no es lo mismo saber que tu hijo o hija no puede aún hacer ciertas cosas que interiorizarlas al responder preguntas que yo no me había hecho antes, al menos no tan conscientemente.

En esos dos días de evadir responder esas preguntas, me fui sola a un lugar que siempre me da, con su paz, las respuestas que más necesito: el mar.

Ahí, frente al agua azul, me senté varias horas sola, en silencio, sin emociones o miedos, solo yo y el sonido del agua que mojaba mis pies, y como por arte de magia, mi cerebro abrió un candado que bloqueaba muchos de mis más desconocidos sentimientos y amarraba mi mayor fuerza, la fuerza de voluntad, la que es capaz de volar en segundos, de traspasar paredes, de mover montañas, esa que siempre va acompañada de una de mis palabras preferidas: Fe.

Recuerdo que aquel día, caía la tarde, el horizonte se volvió entre rojizo y amarillo, la luz era hermosa, parecía una escena de una película de Sarah Polley. Por segundos y como en cámara rápida, recorrí con mi imaginación el interior de muchas casas donde en ese mismo momento había un niño autista, vi las caras de sus madres, los ojos de sus padres, me di cuenta de que es un mar enorme lleno de peces de distintos colores, una galaxia. Y yo era parte de eso, y sentí que tenía una responsabilidad enorme y muy delicada, la responsabilidad de ayudar a mi hija a llegar al límite de sus posibilidades y si fuera posible, más allá.

Volví a casa, no saludé, fui directo a mi computadora, la misma desde la que estoy escribiendo este libro. Me senté, abrí la página de las preguntas y contesté todo de un tirón, sin emociones adyacentes que me hicieran parar, vamos a lo que vamos, ¿no?

Y vinimos a avanzar, a triunfar y a dejar huellas profundas en todo lo que nos rodea. Mi hija no podía esperar por mí, y yo no tenía derecho a no tener valor, cada segundo que pasaba me jugaría en contra, mientras más rápido me ubicara con Lucía en este nuevo mundo, más grande sería su avance. ¿Dependía en parte de mí? Pues todo lo que fuera y sea necesario de mi parte fue y será hecho.

¿Para qué llorar? ¿Para qué posponer? Ni las lágrimas ni el retraso en mi tiempo harían una diferencia positiva en ella.

¡Listo! Respondidas las preguntas solamente nos quedaba el resultado, que ya intuíamos pero que siempre conmueve constatar.

"Su niña está dentro del espectro del autismo. Según los resultados, su niña es autista, en grado moderado..."

En mi cabeza corre como una grabación esta frase una y otra vez, como si apretara el botón de *stop* y *play* muchas veces.

¿Cómo es posible que algo que ya sabes te pueda sorprender? Las emociones son difíciles de explicar para los neurocientíficos, para mí son casi indescriptibles. Sólo sé que mi mente y todo mi ser aceptó este diagnóstico sin ningún tipo de resistencia, ¿saben por qué? Ya había aprendido algo de esta experiencia con el ortopédico rompe corazones, los diagnósticos no son pronósticos, y mucho menos etiquetas.

Capítulo XI

En tus zapatos...

No soy quién para dictarles cómo deben reaccionar sus corazones ni sus cerebros ante determinadas noticias. Cuento mis vivencias porque en su momento, yo también necesité leer algo así, que viniera de una madre, no de un psicólogo que está acostumbrado a tratar los problemas o preocupaciones desde su espacio neutro.

Estoy en tus zapatos, camino a tu lado, y sé que es difícil, sobre todo teniendo en cuenta lo diverso y enorme de este espectro. Comprendo que a muchas madres y padres les toca de manera diferente, algunos casos son muy severos, otros tantos deben vivir con medicamentos por las convulsiones, hay niños agresivos y todo esto cae en las familias como una ruleta, al azar.

La mayoría de los padres tenemos que hacer malabares para acotejar en un plan diario, terapias, consultas, trabajos, dejando a un lado la parte individual, viviendo únicamente para entender y descubrir cómo ayudar a nuestros hijos a avanzar.

También conozco del desconsuelo y el desespero que a ratos produce enfrentarnos a todo lo que se sale de lo "normal". A veces ayuda mucho sentir que pertenecemos a algo, a un grupo enorme que comparte los mismos intereses y similares preocupaciones. Aunque es un sentimiento un poco egoísta, saber que no estamos solos en este barco, sentirnos acompañados, es una manera también de sentirnos protegidos.

Comentar nuestras experiencias contribuye a identificar soluciones que para otros han significado cambios relevantes o a desechar tratamientos alternativos que realmente no funcionan. Lo importante es compartir, dar y recibir información resulta valioso, y podría marcar una gran diferencia para muchos padres que se sientan perdidos o solos.

Hay tres cosas que me han aliviado mucho. (Fosforito):

No te culpes

No te juzgues

No te rindas

Y hablo de la culpa en primer lugar, porque la he experimentado mucho en la maternidad, y hay que aprender a vivir sin ese sentimiento cotidiano de enjuiciarnos por todo lo que pasa a nuestro alrededor, de culparnos por todo lo que no sale perfecto. La culpa, como la queja, es estéril, ninguna de las dos trae nada positivo. Claro que, como somos humanos, todos los sentimientos son válidos, pero hay que aprender a definir cómo y cuándo nos podemos dar el lujo de sentirlos, y este no es el caso, porque realmente nada de lo que está pasando ha sido originado por ti, ni por mí, ni por algo a lo que se deba achacar responsabilidad, no es momento de buscar culpables, si no de encontrar soluciones.

Si te sirve de consuelo yo también a veces tengo deseos de llorar, me siento desubicada y me cuestiono si lo estoy haciendo bien, pero no dejo que ese sentimiento de eterna responsabilidad por todo me maneje.

Cierro los ojos, agarro las manos de todas las madres que estamos en esta marea de tantos colores, que para algunas ha sido un mar más calmado y para otras una tempestad, aprieto sus manos y les trasmito toda la energía positiva que muchas veces nos hace falta, no es que a mí me sobre, pero si puedo compartir lo bonito que me encuentro por el camino, y si eso va a servirle para bien a alguien, así lo haré, somos muchos los que nadamos en este océano.

En segundo lugar, escribí juzgar, porque es un verbo de acción que usamos con mucha frecuencia, a veces sin saberlo, y puede ser muy cruel. Es otra de las enseñanzas que me ha traído Lucía. Con ella aprendí que lo que para algunas personas se puede resolver o hacer en segundos a otros les tomará un tiempo considerable, y no por eso son menos capaces que los demás.

Mi personalidad por ejemplo es ágil, trato de buscar soluciones rápidas y prácticas para casi todo lo que se me presenta, siempre estoy ideando cosas, pero mucha gente a mi alrededor no es así, y antes cometía el error de desesperarme, y de nuevo, juzgar a las personas que no me entendían a la primera, y la vida, como buena y sabia maestra que es, se encargó de hacerme entender que estaba equivocada y, además, he sido muy injusta y en ocasiones despiadada.

Por eso quiero también ofrecer disculpas a través de estas páginas, por si alguna vez por mi ignorancia no tuve la calma para aceptar que cada persona tiene su ritmo para reaccionar, entender y acatar las cosas, por no respetar en alguna ocasión los tiempos de los demás, por pensar "qué lento es" de alguien a quien tuve que repetirle algo más de una vez.

Estoy segura de que todos hemos tenido ese momento de intolerancia hacia otras personas, en un restaurante, con un mesero que se equivocó de orden; en un avión con alguien que se demora en colocar sus cosas, en la escuela cuándo algún compañero de clases hizo la misma pregunta muchas veces simplemente porque no entendía, todos hemos sentido de alguna manera esa necesidad de apurar al otro que va más despacio que nosotros.

Ahora podemos corregir esa urgencia de intentar ser todos iguales, de pensar a la misma velocidad, solo concientizando que cada persona hace siempre lo que puede y de la mejor manera posible, y dejando de juzgar, al entender de una vez que el otro puede estarla pasando muy mal en ese momento. Si todos los niños crecieran siendo educados con este precepto, las próximas generaciones estarían llenas de comprensión, compasión, inclusión y respeto.

Dicen que los niños vienen con un pan bajo el brazo. Siempre he pensado que Lucía además de con un pan, vino con un espejo; por primera vez desde que nació me miré realmente, descubrí quién era y de qué soy capaz. Quizá eso es lo que tú también necesitas, mirarte al espejo, mirarte de verdad, encontrar el escudo con el que todos nacemos pero que muchas veces no sabemos cómo sacar o cuándo, porque de nada nos vale tener herramientas si no conocemos cuándo hay que usarlas.

La fuerza, la decisión, el coraje son como los manuales de instrucciones. ¿De qué nos sirve tener uno con todos los pasos si está en un idioma que no conocemos? Por eso hay que prepararse mucho, y juntarlo todo, la fuerza, la decisión y el coraje con un cuarto ingrediente que nos va a hacer el camino más transitable, la información.

Sin información vamos casi desnudos por la vida, afortunadamente hoy existen innumerables fuentes con todo lo que necesitas saber y más. Esta ha sido otra de las armas para ganar terreno en esta batalla, leer mucho, no todo, pero mucho, buscar incansablemente, y cómo detective, dar con toda la información que hay por ahí que no nos dicen ni los médicos ni los expertos en el tema, que sólo nosotros, los padres de los niños con autismo o con algún diagnóstico especial, somos capaces de encontrar.

Claro que muchas veces nos abrazamos a cualquier método alternativo cómo si fuera una visa para salir del autismo, y esto es una actitud completamente entendible y hasta cierto punto, necesaria, pero mucha información también puede confundirnos.

Me he visto varias veces empezando libros que sinceramente dejo a mitad, con remedios, dietas o métodos que al final no sé siquiera si probar con mi hija, todo lo que entre por su boca, o todo lo que deje de entrar es mi responsabilidad, así que podrán entender lo presionada que me puedo sentir en ocasiones, por eso dejé de leer libros médicos sobre el autismo y empecé a creer en mi propia intuición.

Hay un método que jamás me ha fallado y ése si debo recomendárselos con los ojos cerrados: el amor.

Capítulo XII

CONVERSACIÓN CON OTRA MADRE COMO YO

Hay palabras o frases que hieren, que duelen sólo de escucharlas, quizá porque están cargadas de un lastre cultural que afecta su verdadero significado. A veces, esas palabras dichas con la intención equivocada pueden lacerarnos el corazón de madre. La sociedad, por su desconocimiento, puede ser muy cruel en ocasiones, aunque ya he aprendido a perdonar ciertas preguntas y palabras porque sé que no son dichas con mala intención, sino desde el desconocimiento.

Niños con problemas:

Discapacidad

Retraso

Retardo

Necesidades especiales...

Y otras tantas que me ahorro porque sólo al escribirlas me nublan el corazón. Pero si me pongo del otro lado de la acera, desde la posición de una persona que no conoce nada de Autismo ni de síndromes, de diagnósticos relacionados con la hiperactividad o la dislexia, si cruzo la calle, yo que también he estado en ese lado antes de nacer Lucía, entonces puedo ser capaz de entender la curiosidad que despierta lo desconocido.

Sin pretender darle lecciones a alguien, quiero sugerir a quien me lee y a veces no sabe cómo referirse a nuestros niños autistas o con cualquier síndrome, que intenten utilizar términos menos agresivos, o que de algún modo puedan herir sensibilidades, sobre todo a nosotras, las madres de niños y niñas dentro del espectro autista, quienes tenemos más propensión a sentirnos profundamente consternadas cuando se utilizan ciertas denominaciones hacia ellos, que aunque no se digan con mala intención sino por desconocimiento, pueden entristecernos o crear situaciones incómodas. Por eso les invito a usar la palabra **neuro divergencia** cuando nos refiramos a niños o niñas dentro del espectro.

El término neuro diversidad se originó en los años 90 para luchar contra el estigma de las personas con autismo, así como con TDAH[3] y trastornos del aprendizaje como la dislexia, el síndrome de Tourette, la dispraxia, la sinestesia, la discalculia, la epilepsia, el trastorno bipolar, y el trastorno obsesivo-compulsivo, entre otros.

¿Es más cómodo y menos desesperanzador usar este término? ¡Sí! ¿Va a variar de algún modo su diagnóstico original por llamarles de una manera o de otra? ¡No! Pero si podemos hacer sentir mejor a una mamá, o a una persona neuro divergente con tan sólo modificar nuestra manera de llamarles o de verlos, quizá le estemos haciendo un bien y es una forma más de contribuir a que todos nos integremos mejor a la sociedad.

Cada ser humano es único como su huella dactilar, y si nos regimos por esa premisa, entonces todos somos diferentes. ¿Cuál es la regla que establece el estándar de "normalidad"? Si todos en esencia somos diferentes, ¿qué es lo que nos hace guiar por un parámetro determinado? La sociedad, pienso yo, y esa necesidad constante de ponerle nombre a todo, pero si lo miramos desde el lado positivo, quizá las etiquetas no son tan malas cómo aparentan, quizá nos den una razón, una respuesta.

---

[3] Trastorno por déficit de atención e hiperactividad (por sus iniciales en inglés).

Eso sentí con Nuria, la mamá de Natalie, una chica de 21 años que fue diagnosticada dentro del espectro del autismo siendo ya casi adulta. Nuria pasó toda la infancia de su segunda hija llena de dudas, Natalie no era como el resto de los niños, ni siquiera como su hermana mayor, pero en aquella época, año 2000 no había tanta información sobre el autismo, así que Nuria fue a muchas consultas de diferentes doctores buscando respuestas que encontró casi 18 años después.

A Natalie la conocí en las terapias con caballos a las que llevo a mi hija. Y aquí voy a hacer un paréntesis para hablarles un poco sobre esta adición tan positiva en la vida de mi hija. La equino terapia es otro fosforito importante en su cajita. Las empezamos cuando Lucía tenía tres años y el avance en muchos aspectos se notó desde la primera clase. La equino terapia se considera una terapia integral porque incide positivamente en el desarrollo cognitivo, físico, emocional, social y ocupacional.

La equino terapia está recomendada para personas con discapacidad psíquica, física o sensorial, para personas con trastornos psicológicos, del lenguaje o del aprendizaje y también para personas con problemas de marginación o inadaptación social. Puede ser usada tanto por adultos como por niños, también en la estimulación temprana.

Entre los beneficios físicos de la equino terapia se destacan el desarrollo del tono muscular por trabajar varios músculos a la vez, el incremento de la fuerza, la resistencia, el equilibrio y la coordinación y la mejora de la destreza motora. Así que si tienes la posibilidad de llevar a tu hijo o hija no dudes en hacerlo. El nexo de amistad que crean los caballos y los humanos es hermoso y único.

Volvamos a las protagonistas de este capítulo, Nuria y Natalie. El día que nos conocimos fue muy especial porque el papá de Natalie se me acercó para saludarme y decirme que casualmente había estudiado con mi padre en la Universidad, que lo recordaba con mucho cariño, y que por ese recuerdo entrañable se atrevía a ser osado y hablarme del coraje con el que siempre me ve cuando estoy con mi hija, que él tenía una hija grande acabada de diagnosticar con autismo Asperger y que algo le decía que yo debía conocerla. Me llevó hasta ella y observé a una chica hermosa, a simple vista frágil y con una mirada que me recordó mucho a la de Lucía, de esas que se posan en ti y te traspasan el alma con esos ojazos que hablan solos. Conversamos por unos minutos y enseguida salió la palabra depresión a relucir. Yo le recomendé que escuchara un episodio de mí podcast dedicado a la depresión que estaba segura de que le iba a ayudar mucho. Intercambiamos teléfonos y quedamos en que vendría a ver una de mis obras al teatro.

Ese día no me la pude sacar de la cabeza, mientras que paralelamente comencé a visualizar cómo sería Lucía con 20 años, mi imaginación se disparó y un poco también mis miedos. Sentí deseos de conocer a su madre, pensé en ese momento que me ayudaría mucho escuchar sus historia y proceso como mamá de una niña especial. Así que la contacté y me regaló una valiosa charla por Zoom que trataré de transcribir aquí.

Mi primera pregunta fue:

—¿Cómo te diste cuenta de que Natalie era diferente?

—Cuando Natalie era bebé no gateaba como los demás niños, lo hacía de una forma diferente, comenzó a caminar muy tarde, casi cumpliendo los tres años, no hablaba, era muy repetitiva en sus movimientos, y hay que recordar que en la época en que Natalie nació no sé sabía mucho del autismo, no había tanta información, pero yo siempre supe que Natalie estaba dentro del espectro, aunque en aquel momento no sabía que se decía así. En la escuela le costaba mucho esfuerzo avanzar en clases, apenas podía escribir su nombre, la maestra siempre me daba quejas de que Natalie se perdía mirando hacia el techo y que no prestaba atención, pero lo más preocupante se daba a la hora de socializar con los demás niños.

Estos fueron algunos de los bombillitos que iluminaron en Nuria la idea de que Natalie podría ser autista. Como la niña estaba tan atrasada en comparación con otros compañeros de clase, sus padres le buscaron una tutora que comenzó a trabajar de manera individual y rigurosa las mismas clases que se impartían en la escuela, iba todos los días en la tarde, así que Natalie estaba todo el día aprendiendo y en tres semanas se notó un cambio increíble: comenzó a avanzar en la escuela de manera impresionante.

Pero, a Natalie le costaba mucho trabajo hacer amigos, a pesar de ser una niña muy dulce, encantadora y cariñosa, le era difícil desarrollar esa parte social.

Me interesaba mucho saber cómo había tomado Nuria y todos en casa el hecho de recibir un diagnóstico de autismo siendo ya su hija una adulta, esta fue su respuesta:

—A Natalie la diagnostican dentro del espectro del autismo a los 21 años, te va a asombrar lo que te voy a decir, Claudia. Cuando la diagnosticaron sentí alivio, porque ya mi corazón de mamá me lo había dicho, y yo lo que quería era una comprobación para que todos en casa y sobre todo ella, entendiéramos exactamente lo que tenía y cómo podíamos ayudarla. Este diagnóstico la ha ayudado mucho a comprender su comportamiento, por qué le costaba tanto trabajo tener amigos, o estar al día en la escuela. Fue un alivio.

Me contó Nuria que su hija aprendió a imitar lo que hacían otras niñas para así intentar integrarse con sus compañeros de clase. Comenzar *middle school*[4] fue para Natalie uno de los cambios más fuertes que le tocó enfrentar, llegaba la etapa de las fiestas, las salidas, muchos de sus compañeros de clase se reunían y no la invitaban a ella, y si la invitaban entonces ella no sabía si quería ir.

Confieso que en este punto de la conversación sentí un poco de temor, pensando en cuando ese momento llegue para Lucía, pero Nuria me calmó cuando me dijo algo que nunca olvidaré y que quiero les sirva de fosforito

—No tengas miedo porque tú estás más preparada. Yo quisiera haber sabido todo esto que ya conoces cuando Natalie tenía la edad de Lucía. Si desde que ella era pequeña yo hubiera tenido la certeza de ese diagnóstico, creo que ella hubiera estado más preparada, hubiera tenido menos frustración.

---

[4] Escuela intermedia de sexto a octavo grados.

Y tiene razón, yo ya aprendí cómo lidiar con todo desde que ella era muy pequeña; no me he cansado de buscar información y asesoría, y no me cansaré.

Hablamos también de la culpa, es algo que siempre me ha llamado mucho la atención, que me genera muchas dudas, esa recurrencia a sentir culpa. Quería saber si ella también la sentía y cuál era su postura o visión sobre eso. Nuria me contó que siempre se preguntó en qué falló como mamá que no pudo darse cuenta antes, pero que acercarse a Dios ha sido una enorme fuente de paz y de ayuda para entender que las cosas suceden para adquirir una enseñanza, y que todo esto la ha hecho una mujer más fuerte, capaz de enfrentarse a cosas que antes no hubiera podido. Natalie trajo a su casa fortaleza, unión, fe.

Conversar con otras mamás y compartir experiencias también ha sido fundamental para Nuria. Me contó que Natalie ha estado ingresada muchas veces en el hospital con ataques de ansiedad y pensamientos suicidas, y justo en algunas de esas ocasiones, en cierto modo, resultó un alivio conocer a otras familias que están pasando por situaciones similares.

—¿Cómo se sienta una madre con su hijo o hija ya adulto a explicarle que es autista?

—Es un proceso largo —me dijo Nuria—. Natalie es muy inteligente. Cuando estuvo en primer año de *college*, que fue cuando empezaron las crisis más preocupantes, ella misma comenzó a buscar información para tratar de entender por qué era diferente y llegó a la conclusión de que tenía autismo. Una de las veces que estuvo hospitalizada me llamó por teléfono y me dijo: "mami, el doctor habló conmigo. Yo lo que tengo es un autismo leve y soy obsesiva compulsiva".

Y me lo expresó con tanta tranquilidad, que ni yo misma podía entenderlo.

"En el caso de Natalie, no fue un problema para ella asimilarlo, al contrario, fue como un alivio. El hecho de que fuera diagnosticada tan tarde nos privó de la posibilidad de que mi hija recibiera terapias desde niña. Hemos tenido muchos problemas para encontrar terapias para adultos, no existen muchas, ya a su edad siempre me la envían con un psicólogo, y de hecho, quizá las terapias con caballos fueron las más positivas, sobre todo al comienzo".

—¿Cuál es el plan de ustedes en casa con Natalie cuándo sea mayor?

—El plan es que sea feliz, quizá sea difícil, pero es nuestra meta, que tenga tranquilidad, que tenga paz, que se ame ella misma, que se haga más independiente. Algo muy importante es que aquí en la familia, su papá, su hermana y yo somos un equipo. La familia es el centro, si no tienen apoyo no hay avance. Natalie ha logrado tanto porque nos tiene a nosotros, porque estamos siempre juntos, apoyándola, entendiéndola o al menos intentando hacerlo.

—¿Cuál es tu mayor miedo como mamá? (Esta fue la pregunta que más ansiedad me causó, porque estaba segura de que su respuesta sería la misma que la mía, y así fue)

—Que no se pueda valer por ella misma, que le cueste mucho trabajo independizarse. No me gusta pensarlo, pero a veces temo por ella cuando yo no esté.

—¿Qué le dirías a los padres que están enfrentando un diagnóstico de autismo ahora mismo?

—Aceptar el diagnóstico, buscar ayuda, cuanto antes mejor, llevarlos a las terapias, que haya unión familiar, jamás avergonzarse de tener un hijo autista, al contrario, para mí es una bendición, darle amor, mucho amor, cuando hay amor todo se puede, no darse por vencidos y jamás perder la fe.

Capítulo XIII

DR. CORRALES, NUESTRO NEURÓLOGO

Una de las razones fundamentales de escribir este libro es pasar la información, la mucha o poca que voy encontrando, por eso le pedí al doctor que diagnosticó a mi hija que me regalara una hora de su tiempo para responderme algunas preguntas de las tantas que rondan mí cabeza.

Conversamos también a través de Zoom. Fue difícil buscar el tiempo porque él siempre está atendiendo pacientes. Su único horario disponible era la hora de su almuerzo. Por eso agradezco mucho la gentileza del doctor Corrales, que dejó de almorzar ese día para regalarnos parte de su información y conocimientos para este libro.

Acá inserto nuestra conversación de manera íntegra.

—¿Qué el autismo?

—El autismo es un síndrome que se caracteriza por varios déficits en el desarrollo: déficit en la comunicación verbal y no verbal, déficit en la interacción social, comportamientos restrictivos repetitivos, y trastornos sensoriales. La comunicación tiene varias partes, la comunicación verbal, por ejemplo, uno entiende el lenguaje, expresa sus ideas, que puede ser en el caso del niño pequeño en palabras, o después de los 24 meses en oraciones pequeñas, uno repite, uno lee y uno escribe. Estas son las partes del lenguaje hablado, hay otras dos partes que se aprenden más tarde, la lectura y la escritura, las primeras tres partes se aprenden en la casa. Pero el lenguaje también tiene un componente no verbal, este tiene que ver mucho con la reciprocidad entre dos individuos, como por ejemplo responder a tu nombre. Los niños dentro del espectro del autismo no responden bien a su nombre.

—¿Cuándo un niño debe empezar a responder a su nombre?

—"Generalmente alrededor de los doce meses. Otra parte importante es señalar con el dedo índice, indicar es muy importante porque cuando tú no puedes comunicarte desde el punto de vista verbal, y eso se experimenta cuando vas a otros países con otros idiomas y no entiendes, entonces usas mucho el dedo índice para comunicarte. En nuestra sociedad Occidental, el dedo índice es vital para señalar tus necesidades, o para indicar cosas que quieres que otro mire. Por ejemplo, cuando vemos un avión, generalmente señalamos al avión para que nuestros niños lo vean, o el niño nos lo señala, él no quiere el avión, él te está haciendo parte de esa reciprocidad social de "yo quiero que tú veas lo que yo estoy viendo".

"Hay otro punto muy importante que es el contacto visual, señalar, responder con un gesto a tu nombre, saludar, despedirse, el tener esa reciprocidad de mantenerte en el mismo tópico.

"Muchos niños dentro del espectro autista, por ejemplo, cambian el tópico, le llamamos "conversaciones tangenciales" hablan mucho de temas restrictivos que pueden ser dinosaurios, trenes, animales, aves, y en todas las charlas quieren hablar de eso, muchas veces yo le pregunto a los padres" ¿Cuándo conversas con tu hijo te cambia el tema de conversación? —Muchos padres me dicen que sí, que los niños les redireccionan la conversación hacia donde se sienten cómodos. Ahora, hay casos en los que la comunicación está muy afectada, este niño es no verbal, no entiende o le cuesta trabajo entender, no sigue instrucciones, no es capaz de entender la comunicación verbal con sus padres, a veces son casos moderados que, con ayuda de gestos, de tarjetas pueden seguir instrucciones como "recoge esto y ponlo allí", "siéntate aquí", "tráeme tal cosa". Estos son los cuatro déficit que tienen que ver con la interacción social.

"Por ejemplo, hay niños en el espectro que tienen muchas dificultades para iniciar la interacción, es el niño que por ejemplo vas a una fiesta y no se integra al grupo, juega solito, está también el caso severo que es el de los niños que no reconocen a otros niños, eso que seguro has escuchado mucho por ahí de «vive en su propio mundo». Está también el niño que, sí establece una interacción, pero arrebata juguetes, y precisamente parte de la interacción tiene que ver mucho con el compartir, la interacción social es muy importante sobre todo en la etapa infantil porque crea las bases de estas habilidades sociales que vas a necesitar después en tu etapa de adulto, como mantener una relación de pareja, una relación de trabajo.

"En ocasiones, los padres me dicen que sus niños sí juegan con los niños, o corren con los demás niños, o se tiran de las canales o toboganes, pero esto es un juego más paralelo, el juego consta de varias partes, primero uno tiene que entender lo que uno juega, uno debe compartir y tomar turnos, disfrutar el juego y en cierta forma saber por qué está jugando, y cuál es la finalidad del juego".

—¿Para estar diagnosticado dentro del espectro del autismo hay que tener necesariamente los cuatro déficits o con solo uno o dos ya es suficiente?

—"En teoría debería presentar déficits en las diferentes áreas, uno que siempre debe estar presente a la hora de diagnosticar es el déficit en la interacción social, por ejemplo, estos niños que invaden los espacios personales de los demás, y abrazan a las personas incluso sin conocerlas y en mí opinión eso no es algo desfavorable porque eso se puede modular. Los comportamientos motóricos o de aleteo, o estereotipos a la hora de mover las manos también es algo que despierta sospecha, caminar en círculos, encender y apagar luces.

"Sobre los *stimmings* (que son los movimientos repetitivos) hay varias teorías relacionadas con áreas en el cerebro que están poco conectadas, sabemos cuáles son las áreas del lenguaje hablado: Hay dos áreas en el hemisferio dominante que para las personas derechas es el hemisferio izquierdo y para las personas zurdas radica en el hemisferio derecho, estas áreas son las encargadas del lenguaje, el área de Broca que participa en la producción del lenguaje y el área de Wernicke, en la comprensión de palabras.

"Tenemos billones de neuronas que se comunican entre sí a través de unas pequeñas antenitas llamadas dendritas. Se han hecho muchos estudios y se piensa que en el cerebro de los niños autistas éstas permanecen menos conectadas que en el del niño neurotípico.

"Hay por ejemplo otra característica muy común del autismo que es la ecolalia, un trastorno del habla que consiste en la repetición involuntaria e inconsciente de palabras, frases, trozos de conversación, canciones que el niño o niña ha escuchado de personas cercanas. También está el niño que tiene un lenguaje como robótico. Por ejemplo, he visto niños que se aprenden frases de películas y las usan en el contexto adecuado, pero es un lenguaje muy rebuscado, no usado en el lenguaje coloquial".

—¿Qué causa el autismo?

—Hay varias teorías, teorías genéticas, teorías estructurales en el cerebro, se habla también de complicaciones obstétricas, de la madre durante el embarazo, el parto, por ejemplo, se ve mucho más frecuente en el niño prematuro o sea el niño que nace antes de las 36 o 37 semanas. También aparece en madres con enfermedades durante el embarazo como la hipertensión, la preclamsia, la eclampsia, la diabetes tanto de tipo gestacional como la diabetes tipo 1 o tipo 2. Así que es muy importante durante el embarazo tratar correctamente la hipertensión y la diabetes.

"Asimismo se ha hablado de infecciones durante el embarazo, infecciones simples, de entre las cuales tres infecciones han sido relacionadas con el autismo, la rubiola congénita, el citomegalovirus, y el herpes simple tipo 1 o tipo 2. Como hay algunos síndromes genéticos asociados con el autismo a mí me gusta mucho mandar a mis pacientes a hacerse pruebas genéticas, sobre todo cuando son padres jóvenes que están pensando en tener otro hijo, para que reciban consejería genética en su planificación familiar.

"Quiero decirte además que, sí se puede, y siempre me gusta hablar en mi consulta con positividad, porque la mayoría de los niños con autismo mejoran, entre más temprano se establezca el diagnóstico, más rápido se le puede ayudar.

"Mi dilema como neurólogo es que yo quiero ayudar a los niños autistas, pero no tengo lo que tiene el pediatra que es un tratamiento para cuando tienen, por ejemplo, infección de oído, que se cura en 10 días, en tanto los trastornos del desarrollo son más crónicos. Mi mejor ayuda es referirlos a terapia, que las terapias jamás le van a hacer daño a nadie".

—¿Hay algunas teorías que apuntan a la relación de las vacunas con el autismo, me puede hablar un poco sobre eso?

—Las vacunas fueron relacionadas con el autismo desde hace mucho tiempo. Las vacunas se preservaban con timerosal para evitar que gérmenes, bacterias u hongos las contaminaran y el timerosal tiene mercurio, un metal pesado, por lo que se teorizó sobre el vínculo que podía existir entre éste y el autismo. El tema es que se quitó el timerosal de las vacunas, en el 2006 o 2007 pero la incidencia de autismo siguió incrementándose durante esos años.

"Se hicieron estudios por vacunas y se constató qué cantidad de mercurio es dañino al ser humano, y que el mercurio por vacuna no era suficiente para producir daño, aunque el efecto acumulativo de todas las vacunas casi estaba en el límite de provocar daño orgánico, y aún así después que le quitaron el mercurio, la incidencia continúo subiendo.

"No hay una relación confirmada, incluso se han hecho estudios en países con medicina social, como los europeos. Una vacuna en particular ha sido muy mezclada con el autismo en algunas teorías, la que se pone al año de vida denominada MMR por sus siglas en inglés, y que combate el sarampión, las paperas y la rubéola. Muchos padres no quieren que se les inocule ésta a los niños, sin embargo, un estudio exhaustivo realizado en Dinamarca arrojó la inexistencia de un vínculo entre las vacunas y el autismo[5]".

—¿Cuál es su criterio sobre la televisión y la cantidad de tiempo que se les debe mostrar dibujos animados a los niños?

—No hace mal. Esa teoría existió hace tiempo, basada en padres que les llamaban "padres refrigeradores" por mostrarse fríos, incomunicados con sus hijos, al preferir tenerlos el día entero viendo muñequitos, pero no creo que ver la televisión produzca autismo. Igual yo no soy partidario de la super exposición de la media para los niños.

"La Asociación Norteamericana de Pediatría tiene el website www.aap.org, en el cual te puedes crear una cuenta y ahí te recomiendan que es lo saludable de acuerdo con la edad del niño. En mi criterio, si bien no causa autismo no creo que sea saludable pasar muchas horas frente al televisor, veo que la adicción a la pantalla, a los teléfonos, se comporta como la del tabaco o el alcohol. Estimo que sí hay que controlar a nivel estatal o federal, la cantidad de media que consumen nuestros niños".

—¿En qué sé diferencia el cerebro de un niño neuro típico al de uno neuro divergente?

—La mayoría de los niños con autismo tienen una resonancia magnética nuclear normal, a mí particularmente no me gusta recomendar casi nunca resonancias magnéticas nucleares y la

---

5 Esta información se puede encontrar en el New England Journal of medicine.

razón es que en el momento en que diagnosticamos a los niños entre los 18 y los 36 meses para hacerle esta prueba a ese nene hay que sedarlo, ponerlo a dormir, y no me gusta mucho hacer eso a no ser que haya algo en la historia que me diga que si tengo que hacerlo, por ejemplo, el niño que tuvo una infección neonatal, o la madre que tuvo una infección neonatal, como este tipo de herpes o citomegalovirus, o rubiola congénita o el niño que tuvo un sufrimiento hipóxico isquémico, (hipoxia quiere decir bajo de oxígeno, isquémico que hay falta de riego sanguíneo al cerebro), pues a ese bebé que tuvo una complicación antes, durante o después del trabajo de parto, prefiero chequearlos bien mediante una resonancia.

"Ahora, a nivel funcional sí son diferentes, hay áreas que tienen poca comunicación entre las neuronas y otras que están hiperconectadas. Cuando los niños llegan a la consulta unas de las primeras cosas que mandamos a hacer son pruebas auditivas, porque queremos estar seguros de que el niño escuche, porque si no escucha no puede responder a su nombre ni a nada. Generalmente el niño que es sordo e hipoacúsico se comunica muy bien de forma no verbal, establece muy buen contacto visual, señala y hace muchos gestos con las manos. El niño sordo, por ejemplo, va a tener muy buen contacto visual, y el niño con autismo parece que está escuchando, pero en mayor o menor grado, va a tener dificultades con estas habilidades no verbales para comunicarse como el contacto visual, señalar, saludar, responder a su nombre, entre otros aspectos".

—¿Cómo se puede explicar que algunos niños dentro del espectro del autismo puedan desarrollar habilidades específicas para las matemáticas, o la música, o la memoria?

—Pienso que tiene que ver con este mecanismo pato fisiológico de muchas conexiones en unas áreas del cerebro y desconexión en otras áreas, por ejemplo, yo he tenido niños que son genios en matemáticas, si creo que tiene que ver con este mecanismo de hiper conexión en algunas áreas que tienen con las matemáticas y desconexión con otras vinculadas con la interacción, la comunicación.

"Hay muchas personas consideradas genios que tienen síntomas muy parecidos al autismo. Creo que en el pasado no eran diagnosticados porque quizás eran niños altamente funcionales y no necesitaban ningún tipo de intervención.

—¿Qué nos recomendaría a las madres, los padres, la familia en general de niños enmarcados en este espectro?

—Quiero decirle a los padres que esta condición no solamente afecta al niño, afecta al hermanito, a la madre, a los abuelos, afecta el matrimonio, yo veo mucho los padres al inicio juntitos y después empiezo a ver menos, por ejemplo al padre, no en todos los casos claro, pero pasa mucho, pero veo mucha separación de padres, cuando es muy importante estar unidos porque ellos están mejor teniendo a papi y a mami, en un hogar estable, y siempre les recomiendo a los padres, que duerman junticos, no poner al niño en la cama del matrimonio, porque la pareja tiene que estar juntica para poder ayudar al hijo o hija.

"Tenemos que ser positivos, incluso hay una teoría de no exponerlos a tratamientos médicos yo tengo padres que no quieren terapias y está bien, a mí me gusta más la teoría de tratarlos con terapias porque yo quiero darles el beneficio de incorporarlos a la sociedad, no desatenderlos, sino que formen parte de la sociedad. Lo importante es ser positivos porque los niños mejoran. ¿Tenemos que ayudarles un poco más? Sí ¿Tenemos que estar arriba de ellos? Sí. Pero para eso estamos. Lo otro es criarlos con amor, siempre les digo a los padres los niños se crían con dos cosas: amor y también enseñándolos a tener disciplina, las dos cosas juntitas, hay que sentir el amor de tus padres y también que tus padres te están enseñando, pero siempre con amor, mucho amor".

Conversar con el doctor Corrales y con Nuria me ayudó mucho. Me calmó y de alguna manera me dibujó más claro el camino a seguir mientras crece Lucía.

CAPITULO XIV

DIEGO INFANTE

Me pareció injusto escribir sobre el autismo y no escuchar de primera mano la vivencia de alguien dentro del espectro. Así que comencé a buscar algún adulto neuro divergente que pudiera contarme su experiencia, tarea nada difícil gracias a la ventaja de tener las redes sociales a mi alcance.

En este caso Instagram fue clave. Buscando con el hashtag #autista encontré una comunidad enorme de adultos autistas que buscan visibilizar cada día y desde sus vivencias, a las personas neuro divergentes. Me sorprendí mucho, no esperaba toparme con un colectivo tan unido e interesante.

Entre tanta gente linda conocí a un profesor de la universidad y padre de una niña también autista, una terapeuta ocupacional embarazada, una actriz cantante y directora preciosa, una especialista en neurociencia, un músico, una abuela, todos adultos, con vidas hechas y completamente integrados a la sociedad, con profesiones, deseos, anhelos, aspiraciones, pleno conocimiento y sobre todo orgullo de su condición.

Comencé a intercambiar mensajes con todos, les conté que como madre necesitaba escucharlos y saber cómo había sido su vida, cuáles eran sus mayores temores, qué podía hacer yo como madre para entender mejor a mi hija. Sus respuestas eran cada vez más esclarecedoras, logré entender muchas reacciones de Lucía aprendiendo de ellos.

Uno me fue recomendando con otro, hasta que llegué a Diego Infante, un joven autista chileno maso terapeuta y posiblemente una de las personas más tiernas e interesantes que he conocido en mi vida. Diego me regaló, más que una reveladora conversación, una verdadera lección de vida, y yo no puedo hacer menos que compartir su testimonio como la mayor chispa para todos los fósforos que hemos guardado en nuestra caja.

Acá va.

—¿Cómo percibes el mundo? ¿Cómo ves a la gente?

—Las personas autistas en general somos más sensibles, algunos hipersensibles, sentimos todo con mayor intensidad, también los hay hiposensibles, que sienten menos, pero la gran mayoría siente con mayor intensidad los ruidos, los olores, las texturas. Cuando estamos en la calle o un lugar donde hay mucha gente algunos sentimos un poco de agobio, a veces como que nos cansamos más rápido porque estamos más expuestos a los estímulos, los sentimos con mayor intensidad y eso nos hace agotarnos rápidamente, es el cansancio sensorial, y eso es lo que nos cansa.

"Yo la vida la veía toda maravillosa cuando niño, lo veía todo gigante, todo me impresionaba mucho y luego al crecer empecé a ver las cosas más como son, unas veces igual de brillante, igual que cuando era niño, todo eso depende de cómo esté en cada momento. Recibí el diagnóstico a una edad tardía, a los 25 años, porque cuando mi niñez sé sabía muy poco sobre autismo, solamente eran diagnosticados quienes tenían características muy marcadas, pero los que no, nos diagnosticaban con otras patologías, como trastornos de personalidad, depresión, incluso algunos con esquizofrenia, hasta que ahora cuando somos adultos y ya se sabe más sobre autismo y hemos podido llegar al diagnóstico oficial, es lo primordial".

—¿Cómo recibiste el diagnóstico de autismo?

—Desde los once años me empecé a dar cuenta que soy diferente a los demás, tenía por ejemplo dificultades en la comunicación, me costaba interactuar con otros, seguir instrucciones, pero por otro lado tenía y tengo habilidades con los cálculos mentales, mucha memoria con las fechas, a medida que fui creciendo me di cuenta de estas diferencias.

"Cuando tenía 23 años, tuve una lesión, una tendinitis, para ser más específicos. Buscando cómo sanarme, alguien me sugirió un médico que trabaja con una técnica milenaria china llamada acupuntura. Resulta que en el cuerpo hay muchos puntos que si se presionan hace que surta un efecto energético, ellos te ponen agujas y cada aguja provoca un efecto. Me empecé a atender ahí y estaba cada día mejor. Un día este acupunturista comenta que me notaba muy inteligente, aproveché para preguntarle qué opinaba de mí, me respondió al instante creía que era un caso de Asperger. Quiero contarle a modo de paréntesis, que el diagnóstico de Asperger ya no sé utiliza mucho. Según tengo entendido, al Asperger lo consideraban como una especie de autista de alto funcionamiento, pero ahora no se hace esa definición, ahora se mide dependiendo del nivel de apoyo terapéutico que se requiere.

"Volviendo a mí diagnóstico, el acupunturista me lo dijo el lunes 16 de febrero del año 2015, cuando tenía 23 años con dos meses y 12 días.

"Me explicó que el asperger no es una enfermedad sino una condición, que somos otro tipo de personas, somos personas estructuradas, literales, detallistas, apasionados en algunos temas, que nuestra gran misión en la vida es adaptarnos a la sociedad y que la sociedad también tiene que adaptarse a nosotros. Empecé a investigar me topé con varias páginas, algunas de familias de autistas hablando de autismo desde tercera persona y otras de adultos autistas, ahí me empecé a sentir más identificado, también conocí a algunos autistas hasta que fui por el diagnóstico en el año 2017 cuando tenía ya 25 años. Esta vez fue una neuróloga quien me derivó a una neuropsicóloga para el diagnóstico oficial. En esa ocasión tuve que responder muchas pruebas y con esos resultados la neuróloga me diagnosticó. Eso ocurrió el miércoles dos de agosto del año 2017 cuando tenía 25 años con siete meses y 26 días".

—Cuando te diagnosticaron, ¿qué sentiste?

—La neuróloga me explicó en pocas palabras, más o menos lo mismo que el acupunturista, fue super sano, me dijo que la gran mayoría de los autistas requieren de terapia por la hipersensibilidad al tacto, a la vista, a los ruidos, hay muchos que no pueden mirar a los ojos porque les cuesta mucho, a mí también me costaba. Muchos autistas han sufrido de *bullying*[6] y es muy importante la terapia para poder sanar. Me expresó que todos los seres humanos tienen cosas que trabajar en sí mismos teniendo o no esta condición, y para mí fue muy sanador decirme a mí mismo "soy diferente" pero no tiene nada de malo.

"Durante algunos años yo no entendía muy bien a la sociedad, y a medida que fui creciendo tampoco me entendía a mí mismo, ahora con este diagnóstico podía entender a la sociedad y a mi persona, y eso es super liberador. Me di cuenta de que podía tener una vida completamente normal

---

[6] El bullying o acoso es la agresión para ejercer poder sobre otra persona.

con algunas dificultades, pero que ello no era una enfermedad, así que me sentí super feliz de verdad".

—¿Cuándo eras niño hablaste pronto o te costó tiempo empezar a hablar?

—A los dos años empecé a decir las primeras palabras y a los tres ya podía armar frases pero no se me entendía mucho, eso pasa mucho en el autismo, hay algunos que aprenden a hablar incluso más tarde, a los cinco, seis, siete, hay otros que no hablan o terminan hablando tardísimo, es muy importante el apoyo de los fonoaudiólogos porque son los profesionales encargados del habla, o sea, del lenguaje, incluidos hasta los no verbales, quienes no logran hablar, para los cuales hay otras herramientas para aprender a comunicarse, pictogramas, tablas, los sistemas de comunicación aumentativa, por ello es muy importante el apoyo de este profesional, se dice que en los primeros siete años de vida hay mayor plasticidad cerebral, una razón muy importante para que se haga un diagnóstico lo más temprano posible, las terapias también, porque en esos años se puede avanzar mucho. Yo empecé a ir a terapia a los cinco años no sabiendo que era autista, o sea, mi familia, los profesores de la escuela sabían de las dificultades que tenía, pero sin un diagnóstico oficial. Sufría de mucho vértigo a las alturas, todavía lo tengo pero voy a superar ese miedo, de hecho tengo una idea para superarlo".

—¿Cómo vive una persona autista?

—En lo personal me gusta que me traten bien como a cualquier persona, que sean flexibles, si ven que me siento mal que me pregunten como estoy. El tema del *bullying* en sí afecta a cualquier persona diferente, para cualquier persona es super fuerte, pero mucho más para una neuro divergente que tenga alguna condición diferente o cualquier grupo minoritario lo pasa muy mal. Yo he escuchado casos por ejemplo de personas autistas que los molestan en el colegio y, a veces, hasta los mismos profesores los discriminan quizá por ignorancia.

"En mi caso en el colegio no tuve problemas, quizás había algún compañero que me molestaba, pero no pasó a mayores, ocurría algo muy curioso en mi caso que no sucede casi nunca, muchas veces quienes me molestaban cuando era pequeño me terminaban incluyendo porque tomaban conciencia de que estaba mal molestar. Me tocó gente sana en el colegio, pero hubo una etapa en mi vida en que sufrí muchísimo *bullying* después de haber salido del colegio, pero afortunada o milagrosamente conocí a alguien que se terminó convirtiendo en mi psicóloga y con su terapia pude sacar de una forma brillante esa etapa que fue muy fuerte. Esta psicóloga también me alentó a luchar contra el *bullying*".

—He escuchado mucho que la mayoría de los autistas son muy literales, ¿te pasa a ti también?

—"Me pasaba mucho sobre todo de niño, por ejemplo, a veces estábamos hablando de algo y yo decía "que bonito esto" y los demás se reían porque lo encontraban ridículo y yo les preguntaba pero ¿les gusta? y ellos me decían irónicamente sí, pero yo no sabía que era irónicamente, entonces se reían de lo que yo encontraba bonito y como que no entendía.

"A las personas del espectro autista nos cuesta mucho reconocer las emociones de los demás, somos muy literales, por ejemplo, cuando alguien hace una broma nos cuesta reconocer si es broma o no, ese es un gran problema que tenemos las personas del espectro autista que nos cuesta percibir las dobles intenciones de la otra persona. Hay personas que tienen malas intenciones, que muestran una cara bonita para que uno le crea, cuando en verdad tienen otra intención.

"Me ha tocado escuchar muchas historias por ejemplo de mujeres dentro del espectro autista, el autismo femenino se nota menos que el masculino porque hay muchas chicas que hacen *masking*[7] para parecer personas neurotípicas, muchas mujeres autistas han terminado en relaciones de parejas muy violentas y ahí está la manipulación, parejas donde el hombre termina siendo un agresor y manipulador, porque simplemente le hace pensar a la persona autista que está enferma, y así la domina".

—¿Cómo ha sido la relación con tu mamá, tu papá, tu familia?

—"La relación con mis padres y hermana ha sido buena, por ejemplo mi mamá me ha ayudado mucho con el tema de los vértigos, el miedo a las alturas me lleva a todos los juegos, cuando chico me llevaba a las terapias, bueno de niño y en la adolescencia también porque tuve como dos etapas de ir a terapia, una fue entre los cinco y los nueve años y después dejé de ir un tiempo y ahí tuve que retomar entre los once y los catorce porque todavía tenía dificultad en la comunicación. Mi madre me ayudaba a diferenciar

---

7 En psicología y sociología, el masking o enmascaramiento se refiere a las personas que camuflan su personalidad o comportamiento natural para adaptarse a lo que se espera de ellas, para mostrar la imagen ideal en las redes sociales o incluso para evitar el abuso o el acoso.

cosas, mi papá estuvo también muy presente, colaboró mucho con el tema de la literalidad, o sea a diferenciar entre la realidad, las bromas y las mentiras. Mi padre me dio la opción de trabajar en una fundación llamada "Sendero de Chile" ahí aprendí diferentes tipos de trabajos, a trabajar con la tierra, con encuestas, ahí tuve mi primera novia con la cual llevo ya 10 años, 10 meses y seis días.

"Ella me ha apoyado mucho, yo también a ella, nos hemos escuchado y contenido en momentos difíciles. Hemos hecho algunos viajes aquí en Chile".

—¿Qué mensaje le mandarías a las personas con autismo y a las familias de las personas con autismo?

—Lo primero que mientras más temprano los diagnostiquen mucho mejor será, porque así podrán recibir las terapias adecuadas para hacerlos avanzar. Muchos tenemos trastornos de ansiedad, depresión, por eso es importante atajar las cosas a tiempo.

"También me gustaría recomendar que busquen mucha información sobre lo amplio que es el espectro autista. Hay diferentes grados, hay autistas que requieren terapia a lo largo de toda su vida y hay algunos que no necesitamos mucha. Estamos luchando toda la comunidad autista por tener los mismos derechos, todos tenemos derecho a no ser discriminados, me gustaría que nos ayuden y apoyen es esta lucha.

"Asimismo quiero decirles que algunos autistas nos sentimos más identificados con el símbolo del infinito con los colores de arcoíris, no con la pieza del rompecabezas, porque eso trata de mostrar cómo que somos una pieza incompleta, o que debe encajar en algo, y no nos gusta que nos vean así, porque no somos así. Y por último creo que es muy importante escuchar las voces de adultos autistas. Hablar de nosotros, pero con nosotros".

—Asociamos el autismo casi siempre con movimientos involuntarios o *stimimg*, ¿Tú tienes? ¿Y qué sientes cuándo los haces?

— Sí, tengo. Una de las razones por las que tenemos esos movimientos involuntarios es porque necesitamos autorregularnos de las tensiones, los ruidos, la intolerancia, las frustraciones, tener mucha rabia guardada, yo tiendo a hacer estos movimientos de aleteo involuntario porque así me regulo y ahí está un tema de gran preocupación, ¿qué pasa si un autista se pone a aletear en un supermercado? la gente que no sabe de autismo se va a asustar, se va a reír, las familias van a tratar de evitar por miedo que se ponga a aletear ahí, yo creo que es primordial validar esos movientes involuntarios y, por supuesto, educar al entorno, explicar es una niña o un niño autista y está autorregulándose hay que dejarla hacer, entonces no hay que suprimir los *stimmings* o estereotipias.

—¿Qué habilidades crees que te hacen más especial?

"Las personas autistas por lo general, tenemos con más frecuencia algún tipo de pasión, podemos estar todo el día viendo temas de animales o de números, de literatura o de dinosaurios o los planetas y nos apasionamos mucho con un asunto y podemos hablar de lo mismo por mucho rato. Igual yo cuando chico hablaba todo el tiempo de tamaños y cosas así. Podemos ser muy inteligentes en algunas áreas. Hay algunos autistas que tienen más problemas, algunos cognitivos, en algunas áreas y muchas habilidades en otras, entonces eso varía mucho, pero por ejemplo en mi caso tengo mucha memoria con las fechas al azar y tengo habilidad con cálculos mentales".

Capítulo XV

FÁBULA NUEVA DEL FILÓSOFO NORTEAMERICANO EMERSON

Traducido al español por José Martí

La montaña y la ardilla
tuvieron su querella:
"Váyase usted allá, presumidilla!",
dijo con furia aquélla;
a lo que respondió la astuta ardilla:
"Sí que es muy grande usted,
muy grande y bella;
mas de todas las cosas y estaciones
hay que poner en junto las porciones,
para formar, señora vocinglera,
un año y una esfera.
Yo no sé que me ponga nadie tilde
por ocupar un puesto tan humilde.
Si no soy yo tamaña
como usted, mi señora la montaña,
usted no es tan pequeña

como yo, ni a gimnástica me enseña.

Yo negar no imagino

que es para las ardillas buen camino

su magnífica falda:

Difieren los talentos a las veces:

Ni yo llevo los bosques a la espalda,

ni usted puede, señora, cascar nueces".

De haberlo sabido no habría llorado tanto. Muchas veces me repito esto cuando miro hacia atrás y me veo en varias etapas de mi vida de mamá y después lo comparo con el avance tan grande y notable que va teniendo Lucía cada día.

Lloré mucho sí, por la incertidumbre, por el error grave que cometía al comparar a mi hija con otros niños de su edad, por todo el tiempo que no escuché su voz, por no verla recorrer la casa con la voluntad de sus propios pies, por el miedo a no entender lo que estaba pasando, por no saber si lo estaba haciendo bien, por la desesperación que causa lo desconocido, por la soledad que podemos llegar a sentir tras este tipo de diagnóstico, aunque tengamos la mejor de las compañías al lado. Lloré, donde nadie me veía, con todas mis fuerzas, sobre todo sus dos primeros años, lloré tanto que me cansé de llorar y un día empecé a hacer las paces conmigo misma, y entendí que esto no se trataba de cómo me sentía yo solamente, sino de cómo quería que se sintiera mi hija.

Si quieres que alguien esté orgulloso de ti, primero debes estarlo tú, y yo quiero que Lucía esté muy orgullosa de mí, por eso empecé a enamorarme de cada momento bueno y no tan bueno que vivía con ella, de mis lágrimas y de la tristeza que a ratos sentía; comencé a aceptar, sin resentimientos el hecho ineludible de que este diagnóstico además de ser real era necesario para dar explicaciones y soluciones a todas las interrogantes que no era capaz de responderme antes. ¿Por qué pelearme contra lo que naturalmente ya es? ¿Por qué negar lo evidente?

Decidí no concentrarme en las etiquetas de la sociedad, y empecé a llenar mis lagunas sobre el autismo o la neuro divergencia leyendo, contrastando información, pero, sobre todo, escuchando y conociendo a mi hija, sus necesidades y las diferentes áreas en las que debía trabajar con ella, no por imposición de una norma social, sino por su propio deseo de conocimiento. Nuestros hijos son los más grandes maestros que tendremos, escucharlos, entenderles y no juzgarles debería ser una de nuestras metas más importantes.

Me gustaría mucho que como sociedad, aprendamos a convivir con todo lo que está dentro y fuera de la "norma", que evitemos muchas de las expectativas que solo generan frustración, y que se incentive la competencia sí, pero entre uno mismo, que cada niño o niña sea su propio rival y vaya superando todas sus metas, que las "diferencias" sean bien recibidas y no signifiquen una limitante para la aceptación de nuestros hijos. Y que como en mi fábula preferida, cada uno vaya a su oficio sin juzgar el trabajo o las limitaciones de otros.

Si me preguntas a qué le temo hoy, te diría, ya no le temo al diagnóstico, ahora le temo a lo que la sociedad puede hacer con ese diagnóstico, a que no quieran aceptar o entender ciertos comportamientos, a que no tengan paciencia. Para eso también escribo este libro, para visibilizar a todos los pequeños y grandes astronautas que andan intentando entender nuestro mundo desde su inocente burbuja.

Lucía sigue creciendo, en tamaño y en grandeza humana, es maravillosa, me sigue sorprendiendo todo el tiempo, no imagino otro camino como madre que el que estoy transitando a su lado. Siempre lo digo, si las hadas madrinas existieran y me dieran la posibilidad de concederme un deseo, sería siempre tener exactamente la misma hija, y volver a pasar por el mismo proceso, soy la madre que soy porque soy la madre de Lucía Mía Valdés Valdés.

HIJA

Que tus ojos me sigan mostrando tu alma,

que tus manos dibujen por mucho tiempo en el aire cada vocal,

que tu voz siga creando canciones.

Que estés orgullosa de mí.

Amada Lucía, si podrás o no hacer ciertas cosas cuándo crezcas,

eso sólo el tiempo y tú lo dirán,

aquí estaré yo, mientras la vida me dé fuerzas

y ojalá sea mucha, para impulsarte cuando te canses, abrazarte cuando lo logres,

y decirte lo orgullosa que estoy de ti cuando no.

Gracias por regalarme un boleto a tu planeta y enseñarme a orbitar en él.

Gracias por darme la oportunidad de ser tu mamá.

CONTACTOS

Octavio Vasconcello-Cohen MD

(305) 200-3992

8224 Mills Drive

Miami Fl 33183

Dr Emme Corrales

First Choice Neurology: Emme Corrales-Reyes, MD

(954) 686-7057

14201 W Sunrise Blvd STE 207, Sunrise, FL 33323

Florida Kids Therapy Medley

Judith Díaz

(786) 865-4646

Floridakidstherapy.com

@Floridakidstherapymedley

¿Y AHORA QUÉ?

Después de los resultados es que comienza la verdadera labor de madre o de padre, si ya recibiste un diagnóstico ahora comienza tu propio libro.

Sería maravilloso poder entrar en la mente de nuestros hijos con autismo y entender exactamente cómo piensan, qué sienten, cómo ven el mundo, para poder ayudarles más, pero como hasta ahora no es posible, usa toda tu fuerza y todo tu amor.

Recuerda

¡NO ESTÁS SOLA!

CANCIÓN A LUCÍA

POR ALEXIS VALDÉS

Esta canción es una de las más hermosas, tiernas y sublimes que he podido escuchar. Escrita de una manera muy delicada y con profundo amor por Alexis Valdés, el papá de Lucía, y dedicada a todas las madres y padres, pero sobre todo, y muy especialmente, a nuestros niños y niñas autistas. Me gustó tanto cuando la escuché, me emocionó tanto que quise dejarles de manera inédita la canción, tal cual se grabó en la sala de la casa y con el corazón en la boca espero que les guste.

CLAUDIA

DATOS DE LA AUTORA

Claudia Valdés (La Habana, Cuba) A los 7 años debuta en el cine como protagonista en *Lejos de África*. Participó luego en programas infantiles para la televisión hasta que a los 13 años ingresó en la ENA (Escuela Nacional de Arte), donde cursó cuatro años de estudios.

Entre sus trabajos cinematográficos se encuentran: *Los Dioses Rotos*, Larga *distancia, Mañana, La edad de la peseta, The Tainted Touch, Chico y Rita* y más recientemente *Club de Jazz*. En el teatro se ha desempeñado como productora y actriz en varias obras, entre las que se encuentran la exitosa comedia *Oficialmente Gay,* de Alexis Valdés, y *Felices los cuantos,* del mismo director, además de *Los vecinos de arriba,* de Cesc gay, *8 mujeres,* el musical *El Club de las divorciadas, Baño de Luna,* de Nilo Cruz, *Hierro,* de Carlos Celdrán entre muchas otras. Éste es su primer libro.

Instagram - claudiavaldesoficial
          comoyoloveopodcast@gmail.com

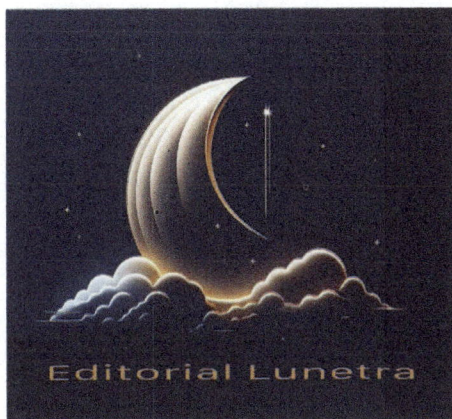

Todo libro es un viaje a la Luna de Letras

lunetraeditorial@gmail.com

Diciembre 2023

Tampa, Florida, USA

Made in the USA
Las Vegas, NV
16 January 2024